# 快速成交

俞赛前◎著

中信出版集团 | 北京

图书在版编目（CIP）数据

快速成交 / 俞赛前著. -- 北京 : 中信出版社,
2020.7
ISBN 978-7-5217-1926-0

Ⅰ. ①快… Ⅱ. ①俞… Ⅲ. ①销售—方法 Ⅳ.
①F713.3

中国版本图书馆CIP数据核字(2020)第091481号

快速成交

著　　者：俞赛前
出版发行：中信出版集团股份有限公司
（北京市朝阳区惠新东街甲4号富盛大厦2座　邮编　100029）
承 印 者：北京通州皇家印刷厂

开　　本：787mm × 1092mm　1/16　　印　　张：15.5　　字　　数：200千字
版　　次：2020年7月第1版　　印　　次：2020年7月第1次印刷
广告经营许可证：京朝工商广字第8087号
书　　号：ISBN 978-7-5217-1926-0
定　　价：59.00元

# 目 录

## 第三章
## 消除客户疑虑，急速签单 _ 067



## 第四章
## 谈判攻略，快速说服 _ 103

# 推荐序　销售是为客户创造价值

高瓴资本运营合伙人、美团前首席运营官　干嘉伟

老俞是我在阿里巴巴广东大区做总经理时的搭档。我经常说，没有老俞带领人力资源团队的神助攻，当年的广东大区不会发展得那么快。虽然之后我们在工作上的交集不多，但因为在广东的默契配合（包括下班后一起吃饭喝酒），这十多年我们一直保持着比较密切的联系。记得2019年秋，我俩在北京吃饭时，他带了厚厚一沓手稿，那是他多年来对销售的理解和总结。我已经很多年没看到手写稿了，并且那么厚，所以很震撼，坦率地讲，也有点担心他能否把那么多实操性的知识点汇聚成一本工具书。

今天，细细读完这本《快速成交》的样稿，我眼前一亮。这本书里的很多内容都让我感觉似曾相识，是他对自己多年销售实践的梳理和总结，他在销售策略、技巧和流程效率等方面提出了很多独到的见解。这也启发我再次深入思考销售的本质，并对“快速成交”有了新的看法。虽然一直承认自己“书都没看明白”，但秉承“最好的学习是分享”的理念，我还是斗胆接受老俞的邀请，在这里分享自己的一些感悟。

三百六十行，行行出状元。作为最古老的职业之一，销售以其重要性、就业容量大、反馈及时和相对较低的进入门槛等特点，一直是一个比较矛盾的存在。一方面，它成为很多人初入职场、积累财富与经验的起点；另一方面，又因为上述特点，一些人会觉得销售人员一般比较强势、急功近利、会忽悠、鱼龙混杂等。可以说，销售是三百六十行中最复杂多元的一行，说它好的人可以把它夸到天上，比如《财富》世界 500 强公司的 70% 的首席执行官出身销售，阿里铁军、美团铁军的种种传奇等；说它不好的人也似乎有理有据，比如无须技术含量，只要会打鸡血就行，销售就是脸皮厚、会忽悠，在企业内部强势霸道、不善于协作等。

作为销售行业的一名老兵，我的职业经历可以分成两部分。1986 年，我第一次上大学，受读书无用论影响，自动退学，摆地摊卖羊毛衫。当时，我的羊毛衫在消费者讨价还价后的成交价大概 20 元。一次，一名女消费者因为急着赶火车，也可能因为她不善于还价，以 53 元买了一件。那时，羊毛衫刚开始流行，质量并不稳定，容易缩水。虽然 30 多年过去了，但那位女消费者急急忙忙付款走人的场景一直印在我的脑海里，我也一直担心那件宝蓝色的羊毛衫会不会缩水。大学退学后那 5 年，我还倒卖过钢材和木材，虽发过小财，但最终都赔了进去。于是我决心改变人生轨迹，做长期可积累的事，便又考上了大学。

这次，我终于毕业了（每年都获得一等奖学金）。毕业后，我加入当时的浙江省燃料总公司，可能真的跟销售有缘。1997 年金融危机后煤炭滞销，我主动要求去县里筹建煤场，让渠道下沉。当时，那片区域有多家煤场，市场早已被瓜分，没人会关心你是省燃料总公司的员工、大学生，如何打开市场成了当务之急。直到 1998 年梅雨季节，在当时的煤场，虽然下雨就是“下钱”（煤炭吸水后重量会增加），但煤炭含水率太高很难燃烧。为了打开销路，我去镇上找来修鞋匠，用塑料编织布拼接起几块巨大的雨布。下雨时，就把煤堆盖上；天晴时，就掀开晾晒。很多煤老板啧啧称奇，“干了一辈子，第一次见到有人给煤堆盖雨布”。因为为客户考虑，我们的煤场门口排满了提货的车辆。虽然之后阿里铁军和美团铁军的故事广为流传，但“销售是为客户创造价值”的理念则源自 1998 年那几块硕大无朋的雨布。

记忆如滔滔江水滚滚而过，留下的是挫折和成功的经验。销售是与人打交道的实践，为客户创造价值，进而赢得客户的信任，永远是这个行业的第一条军规。销售又是实证科学，蛮干不行，坐而论道也不行。无论你是入行多年的精英，还是初出茅庐的新锐，抑或是否把销售作为一生的职业追求，都需要抓住这段难得的人生经历，建立可长期积累的价值体系。“跬步”就在这本《快速成交》里。

利他是做好销售的第一步。理解客户的需求，从客户的角度给出建议，胜过千言万语、巧舌如簧。只想着成交，不管客户能否成功的销售人员，还没入门。

勤奋是每一名销售人员首先要具备的专业素质，没有例外。成功率需要时间积累，有时甚至需要运气，唯有勤奋的过程，才是可以也应该把握的。翻看的牌越多，翻到大王和小王的概率越高。不勤奋的销售人员，也没入门。

掌握以上两点之后，意味着我们可以进一步学习其他销售技巧，如预约、筛选、谈判、疑问解答、签约等，销售漏斗的每个环节都影响着最后的结果。老俞用丰富的实战经验和出色的总结归纳能力，为大家展示了这本工具书的魅力。

同时，老俞对各种销售流程的阐述，对销售管理者来说，也非常有价值。无论销售的对象是个人，还是企业，销售的产品是标品，还是非标品，标准作业程序（SOP）都是销售管理的基本要务。

我始终认为，成功的窄门只有那么几扇，想要成功，你就要在正确的方向上长期积累，销售就是如此。老俞的这本《快速成交》是一本非常优秀的工具书，无论行业老手，还是入门新手，都会开卷有益，积累长期价值。

# 自序　中供铁军的成交秘籍

阿里巴巴旗下最彪悍、最具战斗力的销售团队，非中供铁军莫属。

何为中供铁军？

以 B2B（企业对企业）起家的阿里巴巴，最初就是依靠一批挨家挨户推销的员工，最终培养了中国第一批“触网”商家，也塑造了阿里的第一批高管和创业 CEO（首席执行官）。这批员工就是阿里的中供铁军，他们是阿里集团价值观的坚定践行者，也是一支作风彪悍、战斗力极强的销售先锋队。《快速成交》这本书生动地描述了 2004—2010 年中供铁军“黄金一代”的飞速成长历程。

2003 年之前，中供铁军没有毕业于名牌大学、久经沙场的资深销售高手，也没有成熟、丰富的海外推广渠道和资源，更没有精美绝伦、熠熠生辉的销售宣传册，甚至连成功客户的故事也没有能拿得出手的。作为一个面对海外客户的销售团队，连通过英语四级考试的销售代表都屈指可数，打电话邀约客户，会被客户当成骗子。

然而，就是在这种一无所有的情况下，中供铁军凭着“让天下没有难做的生意”这一信仰，凭着对阿里巴巴百分之百的热爱与信任，夜以继日，每天疯狂拜访客户，同时发挥“三个臭皮匠”的团队合作精神，不断总结经验，处理销售过程中出现的各种问题，周而复始，日复一日，最终打造了一个属于自己的江湖和天下、一家于2007年在香港上市的巨型公司[阿里巴巴（中国）网络技术有限公司]，同时也打造了一个无往不利的销售团队。聚是一团火，散是满天星，如今，团队中的这些精英仍然活跃在中国互联网的头部公司，散发着自己的光和热。

从阿里巴巴中供铁军早期的深度参与者，到后期的组织和文化建设者，再到团队考核体系和规章制度的设计者、销售铁军选育用留和销售训练的实践者，作为中供铁军一路走来的参与者和见证者，我非常荣幸，也非常想和大家分享自己这些年的经历和经验。

曾经，有人问我："阿里巴巴能培养出如此强悍的销售铁军，凭借的是什么？"当时，我说："凭借的是专业训练。"现在，我会说："凭借的是实战和方法的传承。"这也是我创作《快速成交》一书的初衷。

在《快速成交》一书中，我结合自己多年的销售和管理经验，系统地对从客户筛选、邀约、谈判、成交到售后服务的整个销售流程中可能出现的问题进行了分析和总结。

自高效拜访、快速筛选开始，从五个维度进行分析，包括整理客户资料、预约客户的技巧，客户筛选的实战和方法，客户拜访需要掌握的话术，电话拜访的有效策略等内容，提供了大量的实战技巧和有效策略。

在消除客户阻抗、签单环节，本书又分别从决定成交的三大关键因素——真实需求、关键决策人和付费意愿入手，提供了有针对性的谈判策略，使快速成交成为现实。

任何一个销售高手的成功都绝非偶然，一定有其独特且高效的方法论，例如，3F成交法则、故事销售法、AIDA法则和FABE成交法则。针对阿里巴巴中国供应商这种无形产品，我又特别提出了无形产品的销售秘籍。同时，我还对目前市场上企业客户销售最广泛的SaaS（软件即服务）和PaaS（平台即服务）两类产品的销售提出了指导性意见，归纳和总结了相应的方法论与工具，让读者即学即用，立即见效。

针对火爆的线上运营，尤其是目前销售型公司和团队大量采用的电话销售这种直销模式，本书也提供了有效的经验和技巧总结，尤其是“诚信通”电话销售经典的快速签单5步法，完全可以作为现在企业进行电话销售的模板，其效果十分显著。

在本书中，我旗帜鲜明地提出了“真正的销售始于售后”的理念，号召企业重视对客户的售后服务，管理客户的全生命周期，改善客户的体验和提升客户的满意度，从而提升品牌在客户心目中的知名度和美誉度，使新客户变成老客户，使老客户变成长久客户，从而真正实现让天下没有难做的生意这一使命。

英雄莫问出处。曾经那支热血又执着的中供铁军，为阿里创造了无数奇迹。未来，我希望有更多像中供铁军这样的销售精英，成就自己，更成就梦想。

人生一辈子，一定要做一次销售。

因为只有销售，才能让你快速发现真实的自己；

因为只有销售，才能让你快速实现自己的理想；

因为只有销售，才能让你快速与众不同。

滚烫的青春，从奋斗开始；

滚烫的青春，从销售开始。

与朋友们共勉。

# 第一章
# 没有成交，一切等于零

对于销售人员来说，无论是设计销售方案，还是进行客户筛选、客户拜访，都是为了一个共同的目的——成交。没有成交，一切都没有意义。因此，每个销售人员都必须熟练掌握促成成交的基本方法和技巧，争取以最快的速度实现成交。

# 一切销售行为都是为了成交

销售的最终目的就是成交，没有成交，所有的努力都是无用功。不管你是刚入行的销售“菜鸟”，还是无人能及的销售“大神”，在销售任何产品时肯定都希望能快速成交。因此，你需要在销售过程中运用一定的销售技巧、营销话术等，比如，如何弄清客户的真实需求，如何快速找到客户的痛点并加以解决，如何和客户建立良好的关系，等等。如果我们把这些销售技巧比作足球场上的观察局势、盘带过人、快速突破，那么成交就是临门一脚。踢足球最重要的是进球，取得胜利，同样，销售的目的就是成交，这才是成功。

在多年的工作中，我见过太多入门级的销售无法突破瓶颈，能力无法有质的提升，原因在哪里？当你观察他们的工作时就会发现，他们热爱销售，也会拼命推销，也能吸收团队内部教授的销售技术、技巧，但就是不能实现成交。问题就在于，他们总是带着“球”在前场盘带、晃悠，熟练地运用各种技巧向客户介绍企业的产品，努力维护与客户的联系和关系，但就是无法把客户带到最后一步，不会把“球”射向对方的球门。这就是问题所在。这也提醒每一位销售人员，在促成成交的过程中，绝不能只带着“球”在客户面前瞎晃悠，而是要努力冲刺，用恰当的方法推动客户做出关键决策，最终实现成交（见图 1–1）。

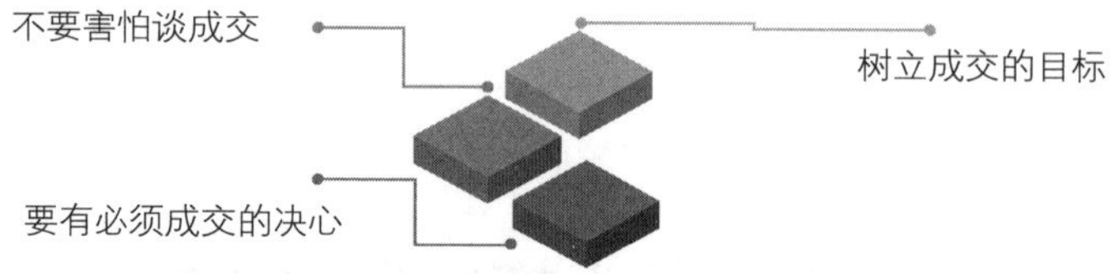


图 1–1　一切销售行为都是为了成交

## 不要害怕谈成交

在我的工作经历中，我发现许多销售人员在和客户交流的过程中总是喜欢寒暄、拉家常，每次提到产品或服务都非常谨慎，谈到与成交有关的话题更是慎之又慎。一旦按照销售流程到了逼单环节，他们要么显得特别紧张、缺乏信心，要么就支支吾吾，不敢直接开口谈签单的事，比如翻来覆去地说："王总，您看，我们也谈了好几轮，所有条件都谈得差不多了，要不我们把接下来的事定一下？"他们一直这样铺垫，就是不主动提签单的事情。这两种情况通常是因为销售人员存在以下几种心理障碍，不敢逼单，生怕把客户逼跑了（见图 1–2）。

### 认为用真诚打动客户，客户会主动提出签单

有些销售人员，尤其是新入行者，或者性格偏向合作型的销售人员，过于倚重客户关系，因此也想当然地认为逼单会给客户施加压力，破坏之前好不容易建立起来的和谐关系，给客户带来不好的感受。所以，他们更希望通过慢慢跟进打动客户。这其实是一种患得患失的心理在作祟，结果反而会错失逼单的最佳时机。

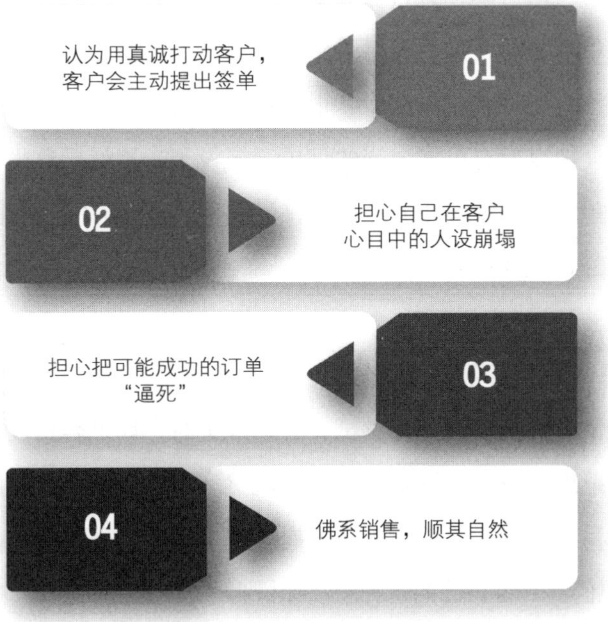


图 1-2　销售人员逼单的心理障碍

## 担心自己在客户心目中的人设崩塌

有些销售人员在与客户的整个沟通过程中，表现得非常专业、细致、耐心，对行业、公司、产品和服务的介绍都给客户留下了非常好的印象，并且也获得了客户的充分信任。这本是好事，但我发现，一些销售反而因此受制于这种在客户心目中留下的印象，不愿意像其他销售一样强势逼单，结果在关键的销售环节退缩，生怕自己的销售目的被对方识破，有损自己在客户心中的美好形象。

## 担心把可能成功的订单“逼死”

逼单，就需要通过销售说辞和技巧，提醒、暗示甚至明确让客户做出决定或付诸行动，这自然会给客户带来压力。尤其在客户没有充分做好签单准备时，他一旦感受到压力就极有可能选择离开。正是基于这种对客户心理状态的假设，很多销售人员就会担心，如果现在逼单，会不会把以后有可能成交的订单给逼没了。这就导致很多销售人员不敢逼单，只想跟客户暂时维持良好关系，梦想有一天客户会主动找上门，送上合同和支票。

## 佛系销售，顺其自然

有些销售人员在第一次尝试让客户购买时，如果客户没有正面回复或直接拒绝，销售人员就会觉得:“既然客户已经表达自己的想法并拒绝，那我就没有必要再死皮赖脸地继续推销了，不然再被拒绝多没面子!”他们甚至将自己的这种想法标榜为“佛系销售”。

其实，这种想法是很危险的。我们知道，无论你怎样努力，跟客户关系再好，客户需求挖掘得再精准，产品介绍得再无懈可击，当你跟客户提出成交要求时，客户接受都是小概率事件，拒绝才是大概率事件。而你的“佛系”行为，只会让成交率再次降低。所以，做销售一定要放下玻璃心，放下可怜而卑微的自尊心，在必要的时候大胆地向客户提出成交要求，这样才会将被客户拒绝的概率降到最低。

总而言之，心理障碍是阻碍销售人员大胆逼单的主要原因。尤其是在与客户面对面或通过电话沟通时，销售人员更担心自己被客户拒绝，破坏与客户之间的良好关系，自己在客户心目中的形象会崩塌，或与客户出现尴尬的局面。现在我要告诉大家的是，任何时候都不要害怕谈成交。订单通常都是被“拖死”或被竞争对手抢走的，很少有被

“逼死”的。如果你连谈成交的勇气都没有，那么你永远成不了一名优秀的销售人员。

众所周知，在2000年的互联网寒冬中，阿里巴巴的业绩也受到极大影响，管理层为了寻找破局的方案而焦头烂额。后来，在决定企业命运的“遵义会议”中，阿里巴巴的中国供应商团队应运而生。随后关明生、李琪、李旭晖加入，阿里巴巴起死回生。马云曾公开称阿里的中供铁军为中国电商的“黄埔军校”，它不仅成功帮助阿里度过寒冬，还成功为互联网企业输送了众多人才，高瓴资本运营合伙人干嘉伟、滴滴出行创始人程维等都出自这支队伍。如果当时的阿里巴巴中供团队都是胆小怕事、不自信的员工，估计也不会有今天的阿里巴巴。

试想一下，如果你作为客户，面对一个自信从容地与你谈成交的销售人员和一个畏首畏尾、眼神飘忽的销售人员，你会相信哪一个？答案毫无疑问，肯定是前者。一个连自己都不相信的销售人员，凭什么让客户相信呢？所以，要想有效推动成交，我们一定要先相信自己，勇敢地向客户提出成交的建议，学会适时地逼单。

## 树立成交的目标

一切不以成交为目标的客户交流，都是浪费时间。

在与客户沟通的过程中，每一个销售都应该正确看待成交，时刻鼓励并提醒自己，成交其实一点儿也不难。只要掌握正确的方法，成交并不需要花费很长时间，只需要与大多数客户交流一两次，他们就愿意签下订单。如果大家仔细分析一些失败案例，就会发现，其实在这些案例中都存在成交机会，客户有实实在在的需求，只要销售人员做得再好一点儿，工作再到位一些，成交根本不难。因此，我们要养成每天为自己树立成交目标的习惯，然后努力达成。

## 要有必须成交的决心

阿里销售铁军一向以超强的执行力而闻名，它要求每一名销售人员都要懂得忠于目标，并努力奋斗，不到最后一刻绝不放弃。“目标是刻在水泥上的，而不是写在沙滩上的”，这是阿里巴巴销售人员的典型土话。话虽糙，理却不糙。

早期的中供销售团队每个月都会开启动会。在启动会上，最核心的环节就是确定本月业绩目标和销售策略的实施路径，大家绑上红头巾，甚至当场杀鸡，喝大碗鸡血酒并摔碗。之所以花这么大力气强调目标的重要性，是因为在公众面前喊出自己的目标，可以让团队监督你，你为了维护自尊，必然要全力以赴。但很多时候，大家在启动会上热血沸腾，声嘶力竭，喝血酒，摔碗，拍胸脯，一旦回到日常工作中，基本仍是三分钟热度，没有实质效果。因此，阿里经过多次改革，最终营造了一个全员尊重目标，并说到做到的氛围，利用团队精神激励和鞭策落后者，从整体上进行铁军文化的培养和塑造，才形成了我们熟知的阿里销售铁军。

结合阿里的实践经验，我认为一个优秀的销售队伍在企业文化打造方面有三点非常重要（见图 1–3）。

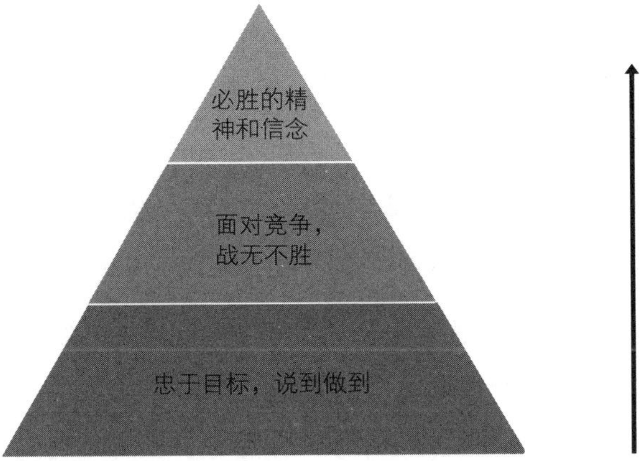


图 1-3　销售铁军文化的三个基本内涵

## 忠于目标，说到做到

销售团队的目标要刻在水泥上，而不能写在沙滩上，证明个人和团队能力的最佳方式就是用结果说话。

做销售，以业绩为王，用结果说话，这是天经地义的事。阿里铁军成立初期，为了确保目标达成，按照组织阶层，我们把目标分为个人目标、主管组目标和区域目标。首先，我们强调个人目标的达成，对赌就是个非常有效的激励方式。那时，为了完成业绩，真可谓对赌成风，销售和销售对赌，销售和主管对赌，输了轻则请大家吃饭，重则剃光头。

当时，雷雁群是广东区域的负责人，我是他的搭档“大政委”。有一次，我们和东莞区域对赌，结果我们输了，于是我俩就剃了光头（我工作以来的第一个光头），然后拍照片，把照片发到全广东的销售群中。在阿里 2002 年的年会上，罗建陆以

220万元的销售额力压群雄，成为全国销售冠军。当时，贺学友位列第四，他就对所有员工放出豪言："我贺学友，2003年的目标就是全国销售冠军，不然对不起关心我的人。不破纪录成为销售冠军，我就一直做销售。这是一个郑重的承诺！"为此，他当众和马云对赌："2003年，我一定要做到1 440万元！"马云对他说："我不要求你做到1 440万元，做到365万元就可以了，但同时你要做到78%的续签率。"两人当场对赌，如果贺学友赢了，马云就请他吃饭；如果贺学友输了，他就要脱光衣服，跳进西湖，时间由马云定。这可谓阿里巴巴的"世纪赌局"，更是将业绩对赌文化一举推向巅峰。

## 面对竞争，战无不胜

销售的本质就是一场没有硝烟的战斗，不论是对于客户，还是对于竞争对手，销售铁军唯一的信念就是胜利。

### 必胜的精神和信念

一支优秀的销售铁军队伍，必须具备攻无不克、战无不胜的信念。首仗用我，用我必胜，是我们的信仰。应用到实际销售过程中，每一名销售人员在树立成交目标之后，都要为之全力以赴，树立必须成交的决心，不畏对手，不惧困难，不断尝试，直到成交。

阿里中供早期曾有一句经典的话——阿里巴巴中供于浙江起家，于广东发家。浙江和广东的外贸出口量占中国总出口量的比重大，外贸企业数量多，因此阿里巴巴和当时最大的竞争对手——来自台湾地区的环球资源（Global Resources）在这两个区域投入的资源最多，无论是广告投入，还是办公室及团队人数投入，两家公司每天都在竞争。道理很简单，环球资源看中的客户，我们也看中了，大家相互争夺，谁也不认输。为此，我们甚至设计了专门针对竞争对手的销售工具和说辞。很多时候，环球资源的客户经理刚刚离开客户的办公室，阿里巴巴的销售就进门了。客户也越来越聪明，让两家公司现场 PK（对决），但当时我们只有一个目标，就是必须拿下客户，打败竞争对手。

在销售战场上，从来都是只有第一，没有第二。如果无法成交，之前的一切努力都是徒劳。所以作为一名销售人员，千万不要害怕向客户提成交；相反，我们要树立成交的目标和必胜的决心，尽自己最大的努力去争取每一个订单和每一名客户。只有敢于逼单、勇于逼单，才能实现快速成交。

## 争取现在成交，越快越好

销售的最终目的就是成交，能一次拿下的客户，我建议大家千万不要留到第二次。在与客户沟通的过程中，如果发现客户有成交意愿，一定要趁热打铁，消除客户可能存在的疑虑，争取马上成交。比如，当客户说“你再给我点儿时间，让我再考虑考虑”时，你一定不能说“好的，× 总，您再考虑一下，咱们约个时间再聊”。一个成熟的销售应该明白给客户再次思考的时间对于自己来说意味着什么。在任何时候，货比三家都是商人或消费者的本能，你给客户思考的时间，就相当于把这次成交的机会拱手让给了竞争对手。

快速成交要求我们在销售过程中不断提醒和督促客户成交，也就是销售土话——逼单，把成交的主动权牢牢地握在自己手里，而不是被动地等客户做选择。当然，逼单也要讲究技巧，蛮不讲理式的销售很容易引起客户反感，同样不可取。在具体实施过程中，我们可以参照以下 5 个关键点（见图 1–4）。

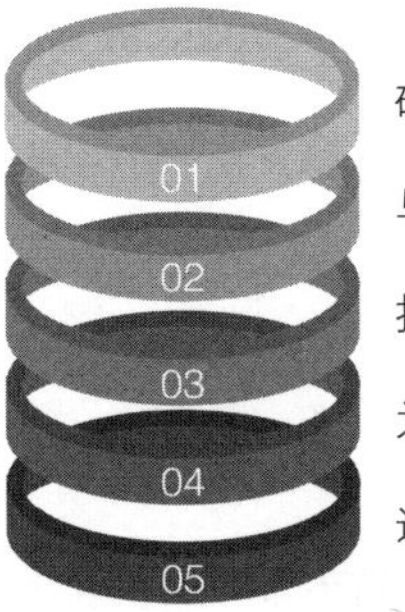


图 1-4　快速成交的关键点

## 确定客户的意向

想要快速成交，就不能采取野蛮式的推销方式。我认为，在判断是继续和客户沟通，还是暂时放弃，去争取其他客户，关键在于你和这位客户沟通时，对方是否表现出了成交意愿。如果客户在和你第一次见面时都不给你介绍企业产品的机会，就简单粗暴地拒绝了你，那么你就要判断一下，他是对待销售人员一贯如此，还是真的不需要你的产品。如果是后者，你就应果断放弃，转向其他客户；如果是前者，你可以再坚持尝试一两次。在介绍产品后，如果他仍然拒绝，你可以暂时放弃，转向其他客户。

很多销售人员此时就想坚持到底。我认为这并不可行，因为你和客户之间还没有建立有价值的沟通，你的人格魅力并没有打动客户，这就是一次失败的销售。所以此时你应该收拾心情，寻找下一位客户。如果还抱着必须成交的信念继续坚持，可能在第二次沟通后你就被对方拉黑了。如果当面销售，你很有可能会被直接下“逐客令”。

有效沟通是要让客户与你建立基本的信任关系，对你不再抱有敌意，因此在接触过程中，销售人员一定要找出客户的痛点与你销售的产品之间的契合点，也就是帮助客户找到一个购买的理由。这是很重要的一步，只有激发了客户的购买欲望，他才会主动询问产品的相关信息，成交概率才可能成倍增加。

## 与客户达成共识

成交一定是建立在客户对产品或服务有充分了解的基础上，所以销售人员在推动成交前，一定要确保在产品价值或服务方面与客户达成共识，让客户对产品或服务有一个较为清晰、全面的认识。这就要求销售人员在与客户沟通时，应该多强调产品或服务为客户带来的好处，以及其与竞品相比更为突出的地方。

## 把握最佳时机

中国人做事讲究天时、地利、人和。同样，在销售过程中，正确选择时机也能提高成交的概率。很多时候，销售人员之所以不能成功签单，往往就是因为没能准确把握催单时机，在不恰当的时间与条件下向客户提出了不适宜的要求。所以，优秀的销售人员一定要懂得如何判断客户的情绪，并对环境条件做出正确判断，适时地提出成交建议。

值得一提的是，在客户犹豫不决时，我们不能被动地等待客户做出回应，而要学会趁热打铁，主动出击，为客户提供恰当的建议，并询问对方的意见，比如："× 总，您现在还有什么顾虑？我可以帮助您！"你要把自己的姿态放低一些，同时还要表现出足够的热情，继续维护和客户的关系，消除他的戒备心理。

## 为客户做决定

当客户表现出明显的购买意向，并对产品没有任何疑问时，我们就可以适当为客户提供建议了。这时是特别考验销售的情商和技巧的，销售说的话不能太生硬，不能破坏与客户的融洽关系，但同时也要让客户明白，现在就是成交的最佳时机。在询问客户意愿时，销售人员要学会用“要几个”“今天还是明天”等类似的话术，而不能问“要不要”“什么时候”等，要学会把客户的选择局限在“必须成交”的环境里。

## 适当营造紧迫感

记住，成交的主动权不仅掌握在客户手上，更掌握在销售人员手上。我虽然提倡成交越快越好，但这种情绪千万别过早暴露在客户面前，成交的最高境界是为了爱而交易，而不是为了自身利益。阿里一直提倡“帮助客户成功是销售人员的使命”，我们要把这种理念融入日常销售，让客户感觉我们是真心实意地帮助他，而不是单纯地为了业绩向其推销产品或服务。

为了更好地帮客户做出购买决策，我们可以适当地营造紧迫感，让客户感觉机会难得，一旦错过，损失的是自己。因此在销售过程中，我们要向客户强调产品的稀缺性和畅销性，以及促销活动的期限等，以此加速成交。

阿里巴巴的销售对营造紧迫感技巧的运用可谓驾轻就熟，炉火纯青。早期的中国供应商网站是卖排名，每页只能展示 20 个客户，并且每个排名的价格都不一样。此时，我们的销售策略十分精细有效，我们将20个排名分成4档，每5个为一档，先卖排名最低的，因为它们的价格最低，所以容易成交。比如在广东，我们先让销售人员列出可能会购买排名的客户，然后通知客户，这次只有5个名额，先到先得。

此时，销售人员的话术一般是这样的："王总，我们这次全广东只开放了5个名额，而且全广东的1 200名销售同时开卖。我觉得您的公司最需要，所以我第一时间就找到您。您可以看一下我们公司的内部短信，会实时显示排名的售卖情况。"

在这种情况下，如果客户确实有需求，或者排名对客户有很大价值，那么成交的概率就很高。即使生意没做成，客户也会觉得你很关心他，有好产品，你第一时间会想到他。更重要的是，我们会将排名的售卖情况第一时间以短信方式通知全体销售，制造资源的稀缺感。

最后，我要强调的是，在成交之后也不能冷落客户，这是对销售人员最基本的要求。销售人员一定要把眼光放长远些，因为一次成交只是暂时的成功，甚至可以说有运气的成分，只有好好把握每一位客户，将其发展成长期客户，才能最大化地将自己的人格魅力贩卖出去，再通过客户认识更多的客户。

# 快速成交，从自我修炼开始

俗话说："台上一分钟，台下十年功。"这是中国传统戏曲行业里的一句古训。其实，这句话放在社会的各行各业都适用。想在舞台上表现完美，就必须有足够的实力，能撑起表演。可大部分人只羡慕台上人的功成名就，却受不了台下的"十年苦练"。销售正是把这一差距发挥到极致的行业。

按照销售人员的综合能力，我将其分为 5 个级别（见图 1–5）。

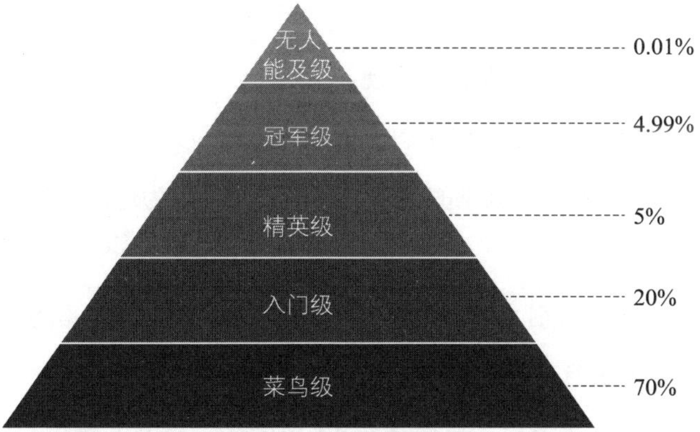


图 1–5　销售等级

第一级为菜鸟级，绝大部分销售人员都可以被归入这一级别。他们刚入行，仅听说销售有“钱途”，或者自己的亲戚朋友在做销售，收入还不错，就想跟风入行。这一级别的销售通常已经掌握销售过程的一些基本技巧和常用话术，但缺乏经验，心态需要进一步磨炼。这一级别的销售最常说的话就是：“××实在太厉害了，做销售每个月能挣那么多钱，我真希望自己也能像他一样。”

第二级为入门级。他们通常进入销售行业不足一年，相较于菜鸟级有了一些进步，销售技巧和经验也有了一定的积累，但与成熟的销售相比，仍然有很长的一段路要走。

第三级为精英级。他们通常已经在销售行业待了两年以上。其典型特征是：在销售团队已具有一定规模的公司任职，对于所处行业和公司都有一定了解，积累了一定数量的客户，业绩相对平稳。他们的人数通常占团队人数的5%左右，是公司的重点培养对象，一般被视为主管接班人。

第四级为冠军级。他们通常已入行4年以上，在公司销售团队中具有非常大的影响力，常常成为月度或季度冠军，年度业绩保持在前5名，十分受公司高层的青睐和重视。

第五级为销售的最高级别，也就是无人能及级。要成为这个级别的销售很难，并且对于该级别的人来说，销售已经成为他们的终身职业。

第五个级别中比较典型的代表就是有着“汽车销售之神”之称的乔·吉拉德。2001年，乔·吉拉德入选“汽车名人堂”，这是汽车界的最高荣誉。他曾连续12年保持平均每天销售6辆车的业绩，并连续12年被《吉尼斯世界纪录大全》评为世界第一销售。

此外，空中客车的销售总监雷义也值得一提。从业 23 年，他坚持做到平均每天卖出两架空中客车飞机。因为他，波音公司曾连续换掉 8 个销售总监，结果仍然无力回天……

销售是一个技术含量极高的职位，需要不断地学习、沉淀和积累。与此同时，销售也是一个日益增值且前景光明、受人尊敬的职业，值得我们努力一生。

对于普通的销售人员，要达到乔·吉拉德、雷义的级别貌似非常艰难，但达到精英级、冠军级绝不是痴人说梦。他们都是比较成熟的销售，不论从能力、心态，还是销售经验来看，都已是行业的领先者。通常来说，一名优秀的销售人员会具备以下三个特征（见图 1–6）。

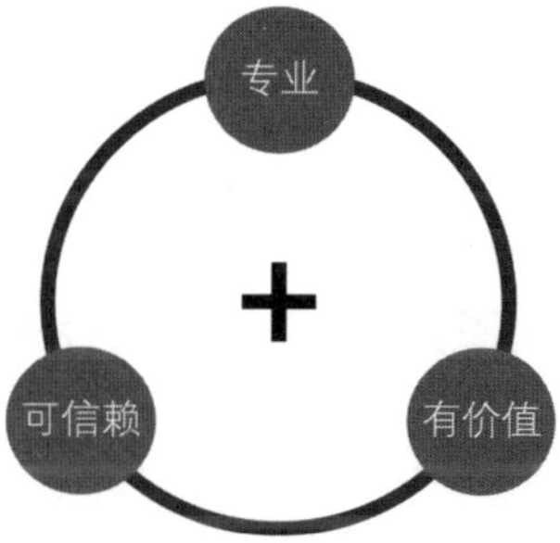


图 1–6　优秀销售人员画像

## 可信赖

可信赖是人们相互了解和感知的一种状态，也是人与人之间的情感联结的一种方式，成交通常就建立在客户对销售人员足够信赖的基础上，而这种可信赖感主要表现为以下三个方面。

第一，安全无威胁。在初步与客户接触时，由于对销售人员缺乏了解，客户往往存在抗拒心理，因此，销售人员要做的第一件事就是向客户展示自己的安全无威胁性。

第二，说到做到的一致性。信赖源自信任，在交流过程中，销售人员赢得客户信任最直接的方法就是说到做到，让客户安心、放心。

第三，公平、公正。在交易过程中，公平、公正是最基本的原则，销售人员不能让客户觉得自己比其他客户付出得多，而是让客户知道，公司对所有客户都一视同仁。

## 专业

专业性可以体现在销售的各个方面，比如行业专业，即对其所在行业拥有准确的见解和判断，能为客户提供相应的行业知识和帮助；过程专业，即在整个销售过程中，能对客户保持足够的尊重，一切合作都建立在公开、公平、公正及互惠互利的基础上，力求让客户满意度达到最大化；形象专业，即无论是拜访前的准备，还是与客户的具体交流，以及交流后的回顾和总结，都能体现出较高的专业素养和水准。

## 有价值

商业的本质是参与者之间的等价交换，而销售就是实现这种交换的有效方式。因此，公司、客户与销售人员三者之间必须具有一定的交换价值，这样销售工作才能顺利进行。而对于销售人员来说，提高自身价值在销售过程中至关重要。

每个成功的销售人员都是通过不断磨炼成长起来的，想要成为一名优秀的销售人员，需要付出巨大的努力。我见过很多菜鸟级和入门级的销售，他们也想努力、想上进，但苦于找不到门路，找不到方法，做了很多无用功。针对优秀销售人员所具备的特性，我总结了三个提升方向（见图 1–7），希望能对那些销售新手有所帮助。

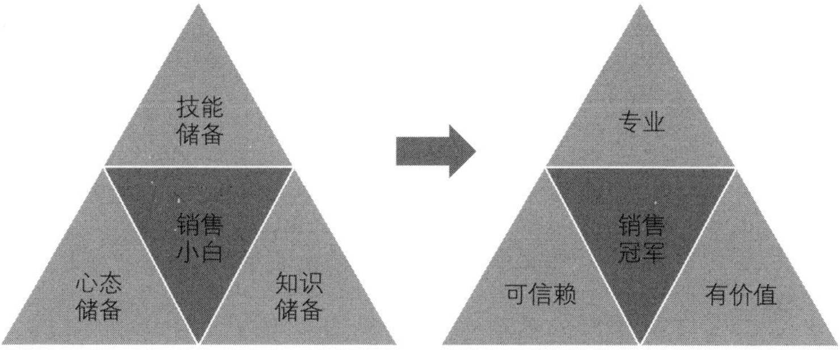


图 1–7 销售人员自我修炼的三个方向

## 心态储备

要想获得客户信赖，销售人员首先要相信自己。很多销售新手在入行后，因为短期内没有实质性的进步就选择了退出，这是很遗憾的。

销售离不开积极的心态，任何一个销售人员都曾经历无数次失败，即使像乔·吉拉德这样的销售之神也曾无数次被拒于门外。任何一条冠军之路，也都是由被拒绝、被打击的“惨痛经历”铺就的。所以，即使你被客户拒绝，多次未能签单成功，也不代表你失败了。相反，此时你更应该鞭策自己、鼓励自己，从失败中找原因，从经历中找经验。只有这样，你才能不因胆怯而退缩，不因恐慌而不敢接近客户。

其实对于销售而言，所谓的成功就是在一定周期内达成自己的目标。从这个角度来说，成功完全由我们自己定义，并不需要他人左右，更不需要客户左右。作为一名新手，我们要先对自己有清晰的认知，然后再根据自己的实际情况制定一个明确的、符合自身情况的目标。比如每天多见一位客户、每天多学一条销售话术、每天多向前辈请教一个销售技巧……这就是成功。小成功积少成多后，你距离真正的成交也就不远了。

在阿里巴巴早期的“百年大计”训练体系中，授课老师、班主任课题组与销售人员曾共同开发了一门针对销售人员心理建设的课程。刚开始做销售时，大多数销售人员都会遭遇失败，而随着对公司产品的了解越来越深刻，对客户的了解越来越深刻，对销售技巧的使用越来越熟练，销售经验就会逐渐增加，成功的概率也会大幅上升。

当面对客户时，销售人员要抱着这样的心理：“我是来帮助客户解决问题，帮助客户成长，帮助客户赚钱的，如果客户拒绝我，受损失的首先是客户。”当我们站在客户的角度思考问题，真正为客户考虑时，我们就不会害怕客户。

事实上，销售是一个相对公平的职业，你付出的越多，得到的就越多，反之亦然。如果没有前期大量、持续的投入，你就不可能获得高额回报。因此，当我们把付出的因素考虑在内，再去面对那些成功或失败的销售时，或许就明白其中的缘由了。

## 技能储备

适当的技能储备是展示自身专业性的最好方式。俗话说“活到老学到老”，销售的技能储备需要不断更新迭代，这也要求每一名销售人员都必须打起十二分精神，持续学习，不断进步。

2000年，全球互联网遭遇寒冬，许多互联网公司都因此而陷入艰难的境地，阿里巴巴也不例外。在阿里巴巴前首席运营官关明生的主持下，阿里巴巴进行了一次大裁员，首尔、硅谷和香港的海外办公室纷纷关闭，人员也都被遣散了。

为了度过寒冬，从2000年下半年到2001年，阿里主要做了三件大事："延安整风运动""抗日军政大学""南泥湾开荒"。其中，"抗日军政大学"由名为"百年大计"和"百年阿里"的两个培训班组成。在马云看来，人才是企业最重要的资产，所以阿里巴巴计划在三年内培养出最优秀的互联网员工。关明生也曾说："怎样把公司系统做出来，培训很关键。"而"百年大计"最核心的内容就是销售人员价值观和销售技能的培养，因为让缺乏技能的销售去见客户，就像直接把新兵送上战场，他们只有被动挨打的份儿。

2001年10月底，第一期"百年大计"培训班毕业。正是通过这样的培训，阿里巴巴这支"游击队"才逐渐变成"正规军"，阿里巴巴也从激情创业迈向了制度运营。培训也使一大批技术出身和销售出身的干部学会了现代化管理，使广大员工认同了阿里巴巴的价值观。

与此同时，全国各地的分支机构也纷纷开展了大规模的主管训练营活动。当时，我和广东大区总经理干嘉伟共同担任广东大区"大政委"，我们也详细地制订了一份全年主管训练计划，每月一次，每次两天，全部用于集中学习，从销售主管的职责定位、团队人员的四象限划分，到如何调动老员工的积极性、如何快速有效训练新员工，再到如何开早会、开启动会……事无巨细。然后，再结合主管的工作场景，采用面对面上课、案例分享和实战演练三种模式对主管进行培训，帮助他们调整心态，转变角色，从而激励他们更高效地工作，为团队拿到更好的战果。

## 知识储备

通俗地讲，销售就是一份沟通交流的工作，每天要跟各行各业的客户打交道。而每位客户的文化背景、所处行业、社会阅历、性格特征等都各不相同，甚至有很大差异。在这种情况下，就要求销售人员在面对不同客户时必须使用不同的知识。因此，销售人员也必须有一定的知识储备。

销售人员所储备的知识有两类，一类为普遍适用的知识，比如语言技巧、沟通礼仪等。这类知识与专业知识无关，但却十分重要，主要来自销售人员的日常积累和有意学习。

除了普遍适用的知识外，销售人员还必须熟练掌握各种专业知识，这也是考量销售人员是否专业的试金石。我把专业知识分为公司所在行业的知识和公司产品知识。至于为什么要掌握行业知识，自然是为了与其他公司和产品进行对比，以突出公司产品的优势。

总而言之，销售看似简单，其实是一个非常有“技术含量”的职业，其中要学习的知识、要具备的心态以及要掌握的技能，即使我已在其中奋斗了 20 多年，仍然不敢说自己已经完全精通。但是，销售同样是一个能够展示自我的职业，只要你愿意奋斗，努力上进，就一定能有所收获、有所成就。

# 快速成交五部曲

阿里的销售团队非常注重一句话，即盯目标、追过程、拿结果。虽然只有短短九个字，但当你真正洞悉了其中蕴含的道理，就会发现，这九个字概括了销售工作的整个过程。

阿里原中供铁军主帅、“创业酵母”创始人俞朝翎曾说过这样一句话：“谋事在人，成事在天。如果你做好了过程，99% 以上有可能拿到好结果。”销售就是一个过程，作为一名销售人员，要做的就是把这个过程做好。只要做好过程，好结果自然是水到渠成的事。

虽然我一直提倡销售要以成交为目的，成交越快越好，但销售绝不能急于求成。俗话说“心急吃不了热豆腐”，有时过于急功近利只会适得其反。销售的过程也是一次自我推销的过程，任何成功的销售都需要打造一套属于自己的销售体系和快速成交的方法，在“稳”的基础上求“快”，才是正确的销售之道。

从第一次约见客户，到最后的成交、售后服务，每个环节都至关重要，缺一不可。因此，想要成为一个优秀的销售人员，就必须认真对待其中的每一个环节（见图 1–8）。

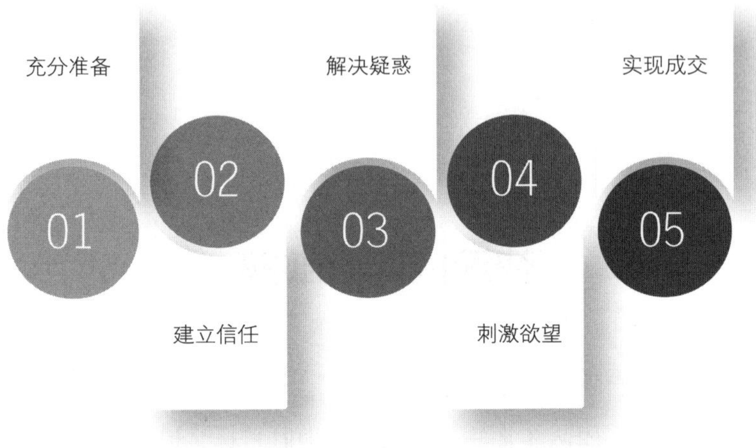


图 1-8　快速成交五部曲

## 充分准备

《孙子·谋攻篇》中有一句名言："知彼知己者，百战不殆；不知彼而知己，一胜一负；不知彼，不知己，每战必殆。"商场如战场，而销售就是位于最前线的战士，所以每一次销售工作都必须做好充分准备，否则就会"每战必殆"。

任何一名销售，即使是新手，在见客户前也懂得把客户资料认真读一遍，争取掌握客户需求的每一个细节，这是销售人员最基本的职业素养，也是最重要的能力要求。掌握了客户的基本信息后，接下来就要思考，这些信息中潜藏着哪些需求，企业的产品或服务是否能满足这些潜藏需求，并且在后续与客户的沟通过程中，还要注意客户是否提及这些潜藏需求。如果没有，你可以略微提及一下，但不要大张旗鼓地跟客户讨论。

接下来就要做到"知己"，即熟练掌握企业产品或服务方面的各种信息，重要的是对产品或服务的应用和市场对比。应用主要针对要面见的客户，也就是企业的产品或服务能为客户带来哪些收益、能帮客户解决哪些问题等，这是成交的基础。市场对比是销售人员应该认真准备的重头戏，因为每一位客户都想“货比三家”，然后从中找出性价比最高的一个，所以销售人员一定要提前搜集相关信息，做好对比，列出企业产品的优势和劣势，并找出佐证或想好对策，以证明自家产品的劣势对于客户来说是无关痛痒的，而产品优势对于客户来说又是不可或缺的。

此外，还有一点需要销售人员重点准备，就是自信心。只有自己相信自己、相信自己的产品或服务，客户才有可能相信你。如果你自己都不相信自己，又怎么能指望客户信任你，愿意与你成交呢？

至于能否为客户让利、让多少等问题，销售人员也要提前和企业领导沟通，不同行业、不同企业都会有不同的策略和要求。一切都准备好，与客户沟通才能更顺畅。

## 建立信任

销售最重要的就是实战，所以在与客户沟通的过程中，一定要向客户讲有含金量的内容，为客户创造他们想要的价值，这样客户才会信任你。否则，避重就轻或毫无重点的讲述，只会让客户觉得你不够专业，继而对你和你的产品产生反感。

在切入正题、推销产品之前，一定要先获得客户的信任，与客户建立温和、良好的关系，这是进行后续沟通的关键与基础。如果一上来就贸然出击，火急火燎地推销自己的产品或服务，说一堆夸大其词的话语，不但无法打动客户，还会破坏你在客户心中的第一印象。一旦客户把不专业、没定力等标签贴在你身上，想取下来就没那么容易了，后续沟通也会很艰难。

阿里巴巴早期的销售团队主要是以打电话的方式向中小企业的老板推广和销售诚信通产品。在销售过程中，销售人员遇到了很多问题，其中最重要的就是客户对企业和产品的信任问题。

时至今日，电子商务已完全普及，阿里巴巴也已家喻户晓，而在16年前，互联网还是以门户网站为主流的业态，更多的是资讯和信息的传达手段与方式而已，也就是人们通常所说的将线下运转模式转移到线上，将在线下找客户变为在网络上找客户。显然，这对客户传统的生意理念形成巨大的冲击，客户会不由得产生疑问：网络上到底有没有客户？网络上的客户是不是骗子居多？网络上做生意靠谱吗？等等。阿里巴巴成立之初，企业品牌知名度和美誉度几乎为零，而且又是以电话销售方式联系业务，客户的种种顾虑无疑使得电话销售的难度剧增。信任的建立也是当时的销售团队遇到的最大障碍。

为了解决这个难题，后来整个销售团队对产品设计、电话话术和说辞、售后服务流程等进行了全面梳理和精心设计。在阿里看来，与客户建立信任是企业发展的重中之重。

想要与客户建立信任，销售人员就必须与客户进行有效的沟通。你不能只把客户当客户，也不要只把自己当销售，而应先把自己放到客户的朋友的位置上，用一点一滴的沟通慢慢消除客户的防御心理。以我20多年的销售经验来看，几乎每一位客户一开始都会对销售有所防备，因此大家在面对客户时要摆正心态，哪怕客户有些让你感到不适的言行，也并不是针对你个人。

在沟通时，除了简单介绍自己，获得客户信赖外，还可以从与客户的交流中发现对方的需求，可以参考前文提及的潜藏需求。

这里要注意区分两个概念，一是痛点，二是痒点。什么是痛点？就是客户必须马上解决的问题，比如影响企业发展的各种问题。痒点的迫切程度要比痛点低，不属于需要企业立刻解决的问题，比如公司内部的装饰、桌椅的款式等，这些可能影响员工的体验，但不会对企业发展造成太大影响。

## 解决疑惑

通过初步沟通，我们与客户已建立一定的联系，在产品价值等方面可能也已达成共识。但这时，客户往往还会有一些顾虑或疑惑，甚至对你的话表示怀疑，这就需要我们针对客户的问题和一些不了解的情况进行详细分析。

为了进一步赢得信任，我们可以向客户列举一些曾经成功的案例，并针对客户担心的问题给出一定承诺，以消除客户的后顾之忧。当然，这些承诺必须能切实履行，切不可为了成交而向客户开空头支票。

## 刺激欲望

当我们为客户解决了大部分疑虑后，接下来就要趁热打铁，将话题转移到企业的产品和服务上来，向客户详细描述企业的产品和服务能为客户带来哪些改变，或能让客户获得哪些长期收益等。

在这个过程中，销售要慢慢将话题引到客户的痛点上，向客户分析该痛点会对其带来的短期和长期影响。如果有相关经验或典型案例，尤其是以同行业竞争对手作为衬托来分析，效果往往会更好。同时，还要旁敲侧击地向客户阐述你的产品和服务如何完美地契合客户痛点，引导客户主动提问，再根据事先准备好的产品信息应对客户的提问。

在分析客户的痛点时，你可以适当将其放大，比如询问客户："如果这个痛点不解决，未来 5 年它会对贵公司造成哪些不利影响?"或者将该痛点与客户的竞争对手进行对比，以突出痛点给客户带来的负面影响，增强客户解决痛点的决心。这里要特别注意，适度放大痛点可以，但千万不要为了推动成交，毫无底线地向客户描述未来的不利场景，毕竟你可能只是一个门外汉，对其公司内部的情况了解不多。

如果客户防御心理较强，不肯在沟通中透露痛点，那么你也可以围绕痒点来做文章。痒点虽然不是客户急于解决的问题，但它同样会对其公司产生影响。如果你适当夸大痒点，从侧面强调它对客户的公司的影响，并将话题逐渐过渡到具体影响上来，再从这些影响出发，描述它们对客户的公司可能造成哪些更深层次的影响，最终将其升级为痛点，然后重复上一段的操作，同样可以影响客户的心理和决定。

## 实现成交

当顺利完成上述步骤后，最后的成交就会水到渠成。但是，只要客户尚未付款，你的订单就不算完成。

阿里铁军的销售业绩在业界是数一数二的，而这些业绩中有很大一部分都是从其他团队的"嘴里"夺来的。因此，即使到最后一步也不能放松，直到客户签单付款，你才算是真正实现成交。

综上所述，充分准备、建立信任、解决疑惑、刺激欲望、实现成交就是一个完整的销售流程。成熟的销售人员都会以此流程为基础来搭建自己的销售体系，并在日常工作中不断完善，最终将其变为自己无往不利的销售技巧。

最后要再强调一点，除了要实现成交外，销售人员还必须做好客户的回访工作，保证售后服务。这样不仅有助于维护与客户的良好关系，有利于后续的合作，还能及时掌握客户反馈的情况，获得企业产品在市场上的第一手资料。熟悉这些资料，既能增加产品的说服力，又能突显自己认真负责的形象，此后在销售时也更容易打动客户。

# 第二章
# 高效拜访，快速筛选

从本质上说，销售就是一个与客户进行直接交流、沟通并最终达成一致意见的过程。在这个过程中，客户拜访的重要性不言而喻，许多成交都是在拜访中达成的。所以，销售人员只有懂得拜访客户的技巧，快速筛选有效客户，才能提高成交率。

# 不会整理客户资料，你一定做不好客户拜访

“来来来，开会了。今天已经是3月15日了，这个月只剩下一半了，而我们的业绩只完成了20%。首先，我们看一下本月A类客户的进展。”

此时，你的领导正坐在会议室的主席位上，满脸焦虑。

“老大好像心情不好，还是少说话吧，当心被批评！”

“那可不！这个月业绩这么烂，老大肯定被公司领导骂了！”

大家正襟危坐，交头接耳。

“王志成，CRM（客户关系管理）系统显示，电话拜访38家，线下拜访42家，A类客户1家，B类4家，C类75家。A类客户转化率为1.25%。”

“李豪利，CRM系统显示，电话拜访32家，线下拜访38家，A类客户2家，B类4家，C类64家。A类客户转化率为2.86%。”

“朱生强，CRM系统显示，电话拜访28家，线下拜访32家，A类客户8家，B类12家，C类40家。A类客户转化率为13.33%……”

这是一个典型的销售会议场景。从中可以看出，销售其实就是一场数字概率游戏。成功是有概率的，区别在于付出多、经验多、技巧好的销售人员的成功率高一些，而付出少、经验少、技巧差的销售小白的成功率低一些。所以，我们要做的就是将分母和分子同时做大，并且让分子的增长速度高于分母，这样成功的概率才会更大。做大分子的诀窍是效率和质量，也就是在保证客户质量的前提下，拜访同样数量的客户所花费的时间更少。

客户拜访量决定销售业绩，对此许多销售人员深有体会。阿里也曾为销售人员制定过明确的拜访目标，对每人每天要拜访的客户数量做出具体规定。因此,很多人都将提高客户拜访量当成自己的首要任务。

> 每天早早起床，抓紧时间去见第一位客户，简单介绍之后便迅速切入正题，将公司品牌、产品优势及服务等一一呈现给客户，然后报价，等待客户答复。告别这个客户后，马上去见下一位客户，重复以上步骤。总之，不是在见客户，就是在见客户的路上，让每天的拜访量尽可能最多，一直忙到深夜。

相信这是很多销售人员的生活常态，一天下来筋疲力尽，效果怎么样呢?

事实上，如果你前期没有做任何准备就贸然拜访客户，只会白白浪费客户资源，很难实现成交。所有拜访的最终目的都是成交，虽然拜访量重要，但是拜访成功率更重要。如果单纯为了提升拜访数量而忽略拜访质量，未免有些本末倒置。在阿里，除了要求提升客户拜访量外，还对销售人员提出了更深层次的要求，即每天的有效拜访量要达到两三个。

怎样做到有效拜访呢？最简单有效的办法就是重视客户资料的收集和整理。在拜访前，销售人员要尽可能多地了解客户，搜集客户个人及公司的信息，掌握客户的特点，并厘清拜访中可能出现的问题和相应的解决方案。你的准备工作做得越充分，成交率就越高。在拜访后，还要对拜访情况进行记录和整理（见图 2–1）。

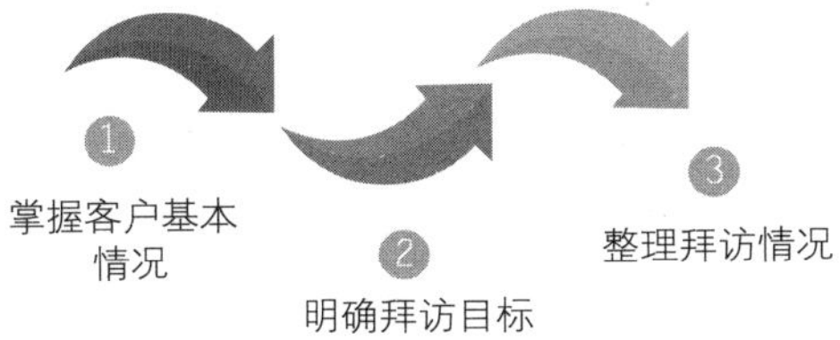


图 2–1　整理客户资料

## 掌握客户基本情况

在拜访客户之前，销售人员要对客户资料进行认真整理，对客户的基本信息、主要特征等有所了解。

（1）客户个人信息。客户个人信息包括客户姓名、性别、年龄、收入状况、家庭地址、联系方式、个人爱好、人际关系以及家庭情况等。了解这些信息，能在很大程度上帮助销售人员顺利完成拜访客户的工作。在整理这些信息时不要怕麻烦，越详细越好。

（2）客户公司信息。客户公司信息包括公司规模、经营情况、服务区域、业务特点、经营理念、发展潜力、企业形象、交易条件以及信用等级等情况。另外，还要了解该公司所处行业的发展趋势、该公司面临的挑战等，掌握其与竞争对手的关系。

整理客户信息不仅有助于我们充分了解客户，制订合理的拜访计划，还有利于我们更好地规划拜访路线，便于时间的合理利用，让拜访效率最大化。

## 明确拜访目标

只有目标明确，你的拜访才可能有收获。以前，阿里销售铁军内部有一套特殊的管理模式，叫作“早启动，晚分享，中间抓陪访”。其中，早启动除了鼓舞士气外，还有一个非常重要的目的，就是让团队中每位成员都确定好当天的工作目标，比如今天要拜访多少客户、要签订几个订单、达到什么效果等，然后让大家朝着目标努力，当天的目标当天就要完成。

2004 年，我加入阿里巴巴。当时，公司尤其是 B2B 国际事业部的中国供应商团队正在各地招兵买马。虽然当时公司的业务主管、经理、总经理等都是业务高手，如陈国环（赶集网前首席运营官，时任苏州区域经理）、王刚（滴滴出行天使投资人，时任常州区域经理）、俞朝翎（时任金华区域经理）等，但如何面试新人？员工晋升和淘汰的标准是什么？绩效考核的标准是什么？如何制定提成规则？“百年大计”培训的课程如何优化？……这些都是大问题。其中最大的问题就是如何让阿里巴巴的“独孤九剑”价值观更加细化、更符合实际地指导员工工作，以及如何将其融入日常考核。于是，在邓康明（阿里巴巴前高级副总裁）的带领下，我们将“独孤九剑”优化和改革为“六脉神剑”，并对员工工作效率提出了更加严格的规定。

具体到销售人员每天的拜访量，总经理对销售团队明确提出了拜访 6 位客户的要求。要完成每天 6 位客户的拜访量，诀窍就是必须敲定至少两位客户，然后在这两位客户周围进行前期预约。如果预约失败，便就地进行陌生拜访。之所以规定至少两位客户，是遵循 A/B 法则。因为只预约一位的话，万一出现意外情况，无法见面，就会加大陌生拜访的难度。

在拜访前，我们一定要明确拜访目标，不要为了拜访而拜访，而是为了实现目标而拜访。拜访目的越清晰，我们就越知道如何安排拜访内容，这样无疑能让我们的工作效率获得巨大提升，加快成交的速度。

## 整理拜访情况

拜访结束后，拜访情况的总结也非常重要。CRM 系统可以帮我们记录和掌握客户在公司内部的动线，从线索到潜在客户、意向客户、签约客户，以及服务客户等信息都可以在这里查询。所以，优秀的销售人员一定会利用系统工具对客户进行实时记录，从而规划自己的工作时间，提高工作效率。

我曾经服务过的百事可乐、阿里巴巴和微医等企业，由于公司战略方向都偏业务和销售，所以也都非常重视客户资料的收集和整理，以及从客户进线转化成线索，再到售后服务的全销售流程的动线情况。在这三家公司中，我完整地实践了纸质化、线上化和移动化的客户全生命周期管理理念。

在百事可乐时，销售代表使用的是纸质笔记本，上面详细记录着每位客户的基本信息。除此之外，还包括竞争对手的信息，如可口可乐的设备投放、海报、库存、价格和销量等情况，以及销售代表的路线设计和规划等。由于百事可乐产品属于快消品，竞争非常激烈，所以我们把百事可乐的 CRM 系统称为路线本（Route Details）。在拜访客户时，我们还会对每位客户从“1”开始编号，然后按顺序拜访，从而最大限度地节约拜访时间。

阿里巴巴是国内比较早使用 CRM 系统的公司，结合公司当时的业务进展和客户情况，我们除了对客户基本信息进行记录外，还十分关注客户的分类和转化。我们在 CRM 系统中将客户分成 A、B、C 三类，分类标准就是客户的预计签单时间。以月度为单位，当月可以签单的称为 A 类客户，下月可以签单的称为 B 类客户，下下月可以签单的称为 C 类客户。

微医使用的是其药店事业部自己开发的移动 CRM 系统，客户都是药店和医院。其中，药店主要分为个体药店、小型连锁店、大型连锁店和全国性连锁药店集团。医院分类参照《医院分级管理标准》，分为三个级别，共十个等级，除每个级别甲、乙、丙三个等级外，三级医院还有特别等级。

销售人员每天都要接触很多客户，如果不随时对拜访客户的情况进行整理记录，随着时间的推移和客户数量的增加，就很可能遗忘前面客户的信息，让之前的努力付之东流。而且，整理记录本身也是一个很好的复盘过程，能让我们仔细分析拜访过程中的亮点和不足，从而积累更多的经验，为下次成功做好铺垫。

此外，这些拜访记录还是企业的一笔宝贵资产。俗话说“铁打的营盘流水的兵”，妥善保管拜访记录可以有效避免客户资源随着销售人员的离职而流失，最大限度地降低企业的损失。

大道至简，天道酬勤。成交没有捷径，但一定有很多技巧。所有快速成交的背后，都是无数细节的累积。所以，千万不要轻视客户资料的整理工作，它能提高我们的拜访效率，帮助我们更快速地实现成交。

# 预约客户的四大技巧

凡事预则立，不预则废。要做到高效拜访，拜访前做好客户预约工作就非常重要，这样客户不但不会对你的拜访感到突然，还会做好相应的准备。阿里铁军对于客户预约的重要性认识得非常深刻，贺学友曾说："从本质上来说，销售其实就是一个环环相扣的循环。作为这个循环中最重要的环节之一，只有做好销售预约，才能更好地进行销售拜访。"可以说，预约是提升拜访效率的关键。

需要强调的是，预约只是一种行为，目的是争取拜访机会。所以预约听起来很简单，实际操作并不容易。

场景一："您好，李女士，我是 ×× 汽车公司的销售顾问小李，您上次询问的车已到店。您什么时候有空，可以来店里看看，体验一下。"

"好的，我有时间会联系你的，再见！"

场景二："您好，李女士，我是 ×× 教育机构销售顾问小李，请问您最近有计划为孩子选一些课外培训课程吗？如果有兴趣，咱们可以约个时间，我给您详细介绍一下我们的相关课程……”

“我不需要，谢谢。”

“不好意思，那打扰您了，再见！”

相信很多销售人员对上面的两个场景都不陌生，预约成功绝非一件容易的事。那么，到底怎样才能提高预约效率呢？我跟大家分享几个小技巧，希望能帮助大家提升预约客户的成功率（见图 2–2）。

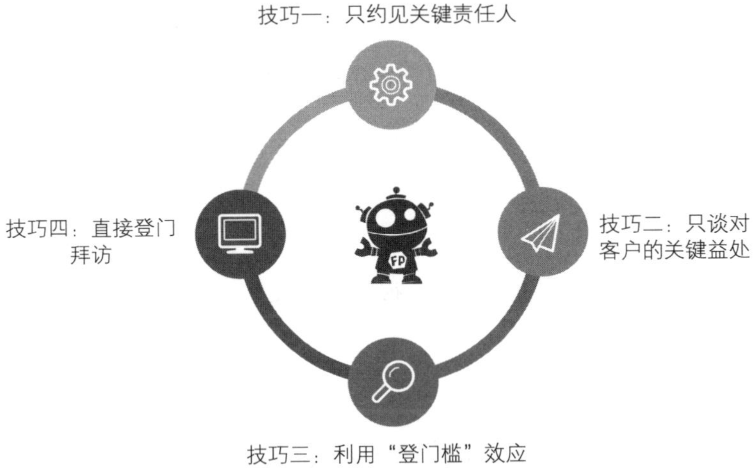


图 2–2　预约客户四大技巧

## 技巧一：只约见关键责任人

关键责任人也被称为关键决策人，也就是能对交易直接起决定作用的人。所以，销售人员可以直接找到客户所在公司的关键决策人，通过恰当的方式获得对方的联络方式，直接约见。

这种做法的好处显而易见，成交周期短、效率高，不会把时间消耗在没有决策权的人身上。至于如何寻找关键决策人，我会在后面的章节具体讲解。

## 技巧二：只谈对客户的关键益处

总结来说，就是用最简洁的话语讲清楚你的产品或服务能给客户带来的价值和益处，以此激发客户的兴趣，让客户有耐心听你继续讲下去，从而提高预约成功的概率。否则，你可能还没介绍完，客户就已经下达“逐客令”了。

举个例子，比如你直接对客户说：“我们公司生产的各种电脑配件质量有保证，价格比其他厂家的同类产品要便宜两成，数量大的话，价格还可以再优惠。”或者说：“我们公司最近研发了一种新设备，可以使您目前的生产效率提升50%。”

这种预约方法可以直接将产品的突出优势展示给客户，充分迎合了大多数客户追求利益的心理，很容易激发客户的兴趣，从而使预约更容易成功。

## 技巧三：利用“登门槛”效应

“登门槛”效应也叫“得寸进尺”效应，是指一个人如果接受了别人提出的一个微不足道的请求，那么当别人提出更高更大的要求时，他也比较容易接受。

这一理论源于一种商业推销技巧，即一个销售人员若能说服客户让其进门，那么他最后推销成功的概率就非常高。

所以，销售人员在预约客户时不妨先提一些小要求，然后在此基础上进一步深挖。比如我们先隐藏自己推销产品的目的，利用社会调研或提几个小问题的方式接近客户。当客户答应配合调研或回答问题后，你再预约，客户就会比较容易接受。

比如，你这样对客户说："先生您好，我是 ×× 公司的健康顾问，我想请您协助我做一个问卷调研，回答几个小问题。第一，您是不是经常感到疲乏、无力？第二，您近期的身体情况怎么样？有没有失眠、多梦的情况？……好的，非常感谢您的配合。最后一个问题，如果有机会改善以上问题，您是否愿意花一个小时了解一下呢？"

登门槛的目的是获得与客户交流的机会，并利用这些机会激发客户的兴趣。当客户表现出兴趣，想要进一步了解时，我们就可以告诉他："如果您想了解更多内容，我们可以约个时间，我给您详细介绍一下。"以此来实现成功预约。

## 技巧四：直接登门拜访

有时，当你通过电话、微信或邮件等方式都难以约到客户时，直接登门拜访也不失为一个有效的方法。尤其是对于销售新手来说，这个方法对预约客户经验的积累有很大帮助。

不过在直接登门拜访客户时，我们要注意以下三个方面。

（1）注意自身形象。你给客户的第一印象一旦形成，以后将很难改变。所以在直接登门陌生拜访时一定要注意自身形象，穿着得体，举止大方，尽量给客户留下一个良好的第一印象。

（2）恰当的开场白。要想成功预约到陌生客户，第一件事就是要打消客户疑虑，所以你的开场白很重要。首先，我们要向客户表明自己的身份，可以将自己的名片递给对方。自我介绍也要尽量做到态度诚恳，文明礼貌。其次，你的开场白要做到语言清晰、简洁、准确，能够抓住客户的注意力，比如利用提问的方式激发客户的好奇心等。

（3）学会适应客户。每一位客户都有自己的个性特征，所以我们必须学会适应不同的客户，针对不同客户采取不同的语言风格和谈话方式等，以增加预约的成功率。

总之，预约客户是一门艺术，不仅要动口，更要动脑。而且要做好客户预约工作，我们平时还要不断学习，认真做好预约客户的每一个环节和每一个细节，从实践中不断积累经验，具体可以参照以下步骤（见图 2–3）。

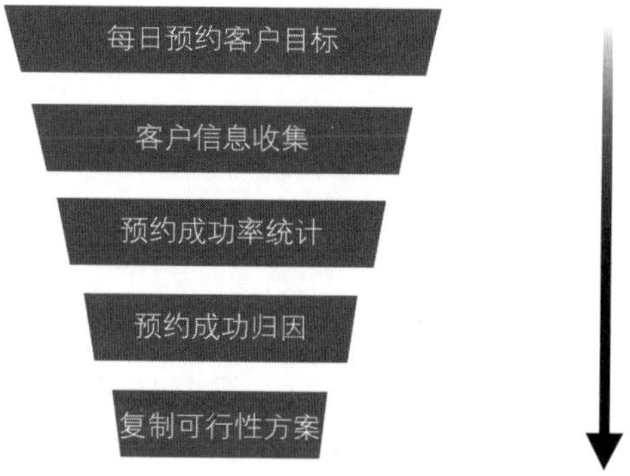


图 2–3　预约漏斗

首先，每天为自己制定一个预约目标，比如“今天我要预约 5 个客户”“今天我要预约 10 个客户”，具体数量要根据自身实际情况来定。

其次，认真收集客户信息，而且信息越详细越好，除了必要的姓名、地址、联系方式外，还要了解客户的性格特征，以设计相应的预约方法和话术等。

预约工作完成后，还要进行总结归纳，了解自己的预约成功率，并对预约成功和失败的原因加以分析，由此总结出一套可行性方案，以提升下次预约的成功率。毕竟所有的成功经验，都来自对日常实践的总结。

# 客户筛选的实战和方法

有人说，做销售没有奇迹，全靠勤奋，拜访5次不成，就拜访8次，每个成功的订单背后都是无数次拜访的结果。对于这种观点，我不是十分认同。销售确实是一份需要付出时间和精力的工作，但销售不是仅靠勤奋、努力就能取得成功的，更需要智慧、学习和技巧。

要做到有效拜访，除了重视客户资料的收集和整理外，还有一点非常关键，就是要找到真正的有效客户。在以往的工作中，我发现很多销售人员之所以不能快速成交，一个重要原因就是将大量精力花在了无效客户身上。理论上，我们只需拜访一两次就能与客户签单，如果一个客户拜访了三次还没能成交，我建议你暂时放下。记住，发扬锲而不舍精神的前提是一定要找到对的人，否则所有努力都是徒劳。

阿里铁军之所以能取得令人瞩目的销售战绩，一个重要原因就在于非常注重客户质量。在阿里看来，拜访不是最终目的，成交才是最终目的，所以阿里不仅对销售人员每天拜访的客户数量做出了明确规定，还规定了有效拜访的数量。

什么样的客户才是有效客户呢？我们该怎样筛选这些客户呢？对

于有效客户，贺学友曾给出一个非常精准的定义。他认为有效客户至少应该满足三个条件：有实际需求，是第一关键决策人，有付款的意愿和能力。在有效客户的筛选上，我为大家提供两个简单有效的方法（见图 2–4）。

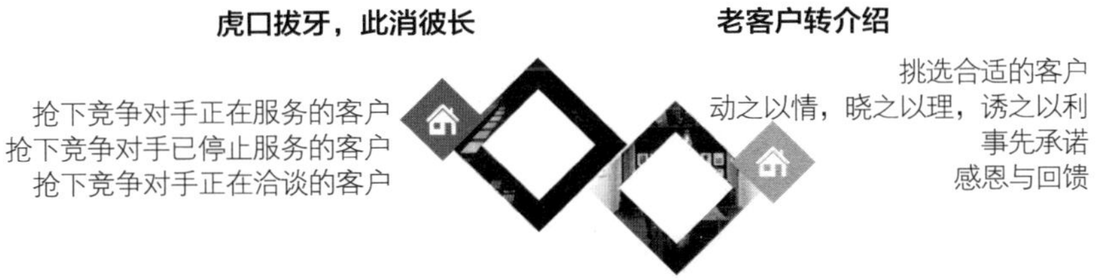


图 2–4 客户筛选实战和方法

## 虎口拔牙，此消彼长

一名优秀的销售人员会永远面临三场硬仗：第一仗，超越昨天的自己，越来越好；第二仗，超越同事，成为佼佼者；第三仗，超越对手，虎口拔牙。打赢这三仗，你才能成为真正的销售冠军。这里的“虎口拔牙”，就是指从竞争对手手中抢客户。

要实现高效拜访，快速签单，就要迅速找到有效客户。对于不能立刻签单的客户，可以选择暂时放弃。当然，有些客户是需要时间培养的，但这是一个相对漫长的工作，有可能耗费大量的时间和精力，并且还不一定能看到效果，所以聪明的销售人员会将“培养客户”的工作交给竞争对手，然后等待时机再“虎口拔牙”。

那么具体应该如何操作呢？

## 抢下竞争对手正在服务的客户

很多时候，企业与客户之间就像一对夫妻，在一起合作时间久了，难免会产生一些小矛盾，而这就是我们的机会。当发现客户与竞争对手出现矛盾时，销售人员应及时出手，与客户培养好感，尽量将其争取到自己一方。

> 竞争本就是无处不在，阿里的竞争对手一直很多，但业绩是证明我们实力的唯一途径。口头上说得再强，销售人员着装再漂亮，销售策划方案再高大上，最后只有把产品卖出去，把钱收回来才是王道。
>
> 所以，我们在前期寻找客户时，会经常打开竞争对手的网站，了解竞争对手当时所服务的客户有哪些、服务的期限到什么时候，然后与这些客户取得联系，并不断将阿里巴巴的利好消息分享给客户，甚至邀请这些客户参加我们主办的网商论坛和客户答谢会，以加深客户对我们的认知和了解，为下一步的成交做准备。

## 抢下竞争对手已停止服务的客户

客户与我们的竞争对手合作，说明他们对于我们所提供的产品或服务存在需求，只不过由于种种原因选择了我们的竞争对手。而客户最终与竞争对手中断合作，原因可能有很多，比如对对方的服务不满意，或由于费用原因，或合作效果没有达到预期，等等。总之，我们要弄清双方终止合作的原因，然后再有针对性地设计拜访方案，争取到与这些客户的合作机会。

### 抢下竞争对手正在洽谈的客户

当客户正与我们的竞争对手洽谈时，说明竞争对手已经帮我们把客户痛点和支付能力全部筛选完毕，我们只需勇敢地与客户沟通接洽即可。销售本身就是一项竞争性非常强的工作，而每位客户也都有多种选择的机会和权利，我们要做的就是让客户相信我们的产品或服务比对手的产品或服务更好、更适合他，然后将其从对手的客户变成我们的客户。

## 老客户转介绍

在有效客户的开发与管理上，我一直提倡一个原则——二八定律，即将 80% 的时间和精力用于建立有效的新客户，用剩下的 20% 维护老客户。新客户的开发固然重要，但老客户的维护同样不容忽视。在这个世界上，没有永恒的朋友，也没有永恒的敌人，但有永恒的利益。维护好老客户，获得老客户的信任和好感，这些老客户就可能为你推荐或转介绍其他客户。信任和好感是会转移的，因此这些被推荐和转介绍的新客户的成交率会非常高，甚至高达 80%～90%。

因此，我们要充分维护和利用老客户资源，甚至可以用一些优惠政策鼓励老客户推荐或转介绍其他潜在客户，提高业务的成交率。

世界上最伟大的推销员乔·吉拉德一直推崇“250 客户定律”，认为每一位客户背后至少有 250 名潜在客户。客户的转介绍也是一种销售战术和销售策略，因此从初次接触客户起，我们就应该进行精心设计，并高效实施。

## 挑选合适的客户

在企业所服务的客户当中，那些成功的客户最容易同意你提出的转介绍请求,并且介绍成功的概率也最高。这些客户通常满足三个条件：正在享受企业的服务；有成功的经历，对企业产品或服务特别满意；有意向向别人推荐你或你的公司。

值得一提的是，在一些特殊情况下，我们也可以适当请求一些没有交易的客户为我们介绍新客户。一般在与客户第一次会面时，如果你已迅速判断出该客户不是自己的目标客户，对方也确实没有购买需求，那么不妨适时地向客户提出这个请求。比如：

> “王总，看得出，贵公司现阶段和我们合作的可能性比较小，我们先保持联系，我有好消息也会第一时间通知您。那您看看，您是行业内的专业人士，人脉广，能否帮我介绍一下其他朋友？”

抓住每一次机会向客户销售自己，这就是销售冠军和普通销售人员的区别。

## 动之以情，晓之以理，诱之以利

在商业世界里，利益固然重要，但人与人之间的信任更重要。在与客户沟通时，如果能以情切入，同时真心实意地为客户利益考虑，帮助客户取得成功，那么自然会赢得客户的信赖和好感，实现真正长远的合作。

在任何时候，我们都要遵守商业世界的运行规则，了解各利益相关方的诉求，将利益分配机制设计好，并大大方方地落地实施。

2020 年春节期间，新冠肺炎爆发。当时我正从事商办（商业地产和办公室租赁与买卖）相关业务，其间，我遇到了一件让我深思的事。

按常理，正值疫情严重时期，为了自身和他人安全，居家隔离和减少外出是最好的防护，但居然会有新客户进线，委托我们寻找新办公室。其实，更换办公室一定要到现场实勘，那么是什么原因让客户冒着生命危险出来选办公室呢？肯定是不得不换办公室了。

在业务的开展方面，疫情扮演了天然的选择器角色，自动对客户需求进行过滤，过滤掉那些并不是非常急需换公办室的客户，自然节省了销售人员的时间，提升了工作效率。更重要的是，此时客户的价格敏感度会直线下降，是提升客单价的最佳时机。

作为一名优秀的销售人员，必须善于利用和把握这类机会，急客户之所急，想客户之所想，帮助客户解决实际困难，客户一定会心怀感激。此时，如果你请求客户推荐或介绍新客户，大多数客户是不好意思拒绝的。

## 事先承诺

根据心理学原理，如果客户事先对我们有所承诺，那么我们也一定会履行承诺，以维护个人形象。据此，我们在和客户面谈时，一定要加入这个话术，并灵活运用。比如：

“李总，您看如果我履行了承诺，您一定要帮我介绍客户啊。”

“没问题，你放心，我一定帮你介绍客户。”客户一定会拍着胸脯保证。

由此可见，销售人员在与客户进行谈判时，每一次都要建设和铺垫一个回馈机制，从而为自己争取最大利益。

## 感恩与回馈

当一个人的付出获得了相应的回报时，也更愿意继续提供帮助。所以，当老客户向我们推荐新客户后，无论成交与否，我们都要驱动新客户，同时对老客户给予的机会表示感谢，让老客户获得心理上的愉悦，使老客户与我们之间建立一种信息反馈机制和互动机制，甚至可以给予老客户一定的奖励，激励其再次帮我们推荐和转介绍。

最后需要强调的是，无论是对于老客户、潜在客户，还是竞争对手，销售人员都应该建立自己的情报系统，第一时间获取准确的市场信息，以便做出最恰当的决策。同时，销售人员还要学会经营自己的人脉圈和朋友圈，有一批固定的、有高度、有深度的客户朋友，并逐步将他们培养成忠诚客户。这样才能在最短的时间内找到我们需要的有效客户，并针对其制订相应的拜访计划，从而有效推动成交。

# 客户拜访需掌握的话术

提到销售人员，大多数人的第一印象都是“能说会道”。说话是我们日常表达自身需求与情绪的一种方式，也是人与人交流的重要渠道。很多时候，一句击中客户内心的话，就能让客户对你刮目相看，并愿意与你建立合作关系。所以，语言和话术在很大程度上会直接影响沟通效果，决定销售的成败。

举个简单的例子。在某城市火车站附近有两家相邻的早点店，两家店的店内环境、提供的食物以及服务等都没有太大差别，但店内鸡蛋的销售情况却明显不同。而造成这一不同的主要原因，就在于服务人员在向顾客推销鸡蛋时所用的话术不同。

A 店：“您好，请问您需要鸡蛋吗？”

B 店：“您好，请问您需要一个鸡蛋还是两个鸡蛋？”

结果表明，来 B 店吃早点的顾客通常都会要一两个鸡蛋，很少有人不要鸡蛋，而 A 店就没有那么幸运了。因此，B 店的鸡蛋销售量要远远高于 A 店。

同样一件事，说话方式不同，所产生的结果就可能截然相反。所以，在客户拜访过程中，销售人员一定要注意表达方式，可以在拜访前做好充分准备，针对客户可能问到的问题提前准备好答案，最好能建立并熟练掌握一套专业的客户拜访话术。一个善于成交的销售人员，往往也是一个语言方面的艺术家（见图 2–5）。

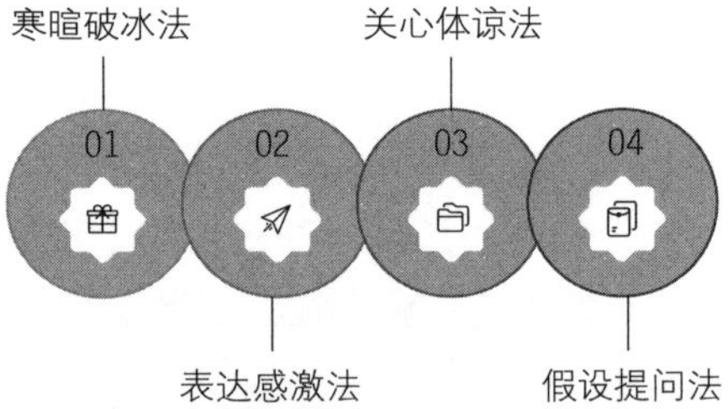


图 2–5 拜访话术

## 寒暄破冰法

简单的寒暄能让陌生人快速熟络起来，营造活跃的交流氛围，拉近销售人员与客户的距离，为进一步的交流奠定基础。

很多初次拜访客户的销售人员在进行自我介绍时，常常喜欢将公司名称放在自己名字的前面，比如："我是阿里公司的销售顾问，张明。"这种突出公司的介绍方式很容易让人与交易联系到一起，功利性比较明显。所以，我建议大家以后换个说法，将个人名称放在前面，比如："我是张明，是阿里公司的销售顾问。"这样会加强彼此的熟悉感，更容易拉近与对方的距离。

在寒暄时，我们还要尽可能找到与客户的相同之处，或者客户可能感兴趣的话题，因为人往往更容易对与自己有相同之处或相同爱好的人产生好感。这就要求销售人员在拜访前要对客户有一个基本了解。比如："肖总，我刚才看到您的书架上有很多莫言的书，我非常喜欢莫言的作品，您也喜欢他的作品吗？"

除此之外，赞美也是寒暄时常用的话术之一，没有人不喜欢被赞美，适当赞美可以有效增加客户对我们的好感。

## 表达感激法

在必要的时候，向客户表达感激也能赢得客户的好感，拉近与客户的距离，比如："张总，谢谢您百忙之中抽出时间见我。我知道您很忙，对此我非常感激。""您的这段话简直让我茅塞顿开，非常感谢您提出意见，我觉得这对我们日后的合作非常有利。"这些表达感激的话既能满足客户的优越感，又能增加客户对我们的好感和信任。

## 关心体谅法

成功的销售应该是有人情味的销售，所以在初次拜访客户时，切忌以自我为中心，滔滔不绝地向客户推销产品或服务，这只会让客户反感，成交概率也会很低。

销售高手往往会先诚恳地向对方表示关心，用关怀的话语赢得客户的好感，让客户感觉你是一个善解人意、懂得体谅别人的人。

当然，你的关心不能是虚伪的恭维，而是发自内心的关怀，可以从客户比较关心的人或事入手。比如看到客户办公桌上放着孩子的照片，就可以把话题适当引到孩子身上："这是您的女儿吗？看起来和您真像！"在后续拜访时可以为孩子准备一些小礼物，客户一定会觉得你很细心、很懂事。

## 假设提问法

很多销售人员在拜访客户时都容易犯一个错误：由于拜访时间有限，总想利用有限的时间尽可能多地将自身优势展示给客户。因此在拜访过程中，大多数时间都是销售人员在说，客户在听。

其实，拜访客户，特别是首次拜访，最重要的是了解客户的需求，以此来确定彼此之间是否能形成合作关系。在这个过程中，销售人员要尽可能引导客户表达，自己倾听，并认真分析客户话语中传递的各种信息。这就需要销售人员提前设计好相应的提问话术，具体可以将产品或服务能为客户带来的收益以提问的方式向客户进行询问。比如："如果有一款产品能让贵公司的工作效率提升 30%，您是否感兴趣?""如果换一种设备，能够帮您将生产成本降低 30%，您是否会考虑?"这样的问题能使客户对产品或服务产生期待，为进一步的交流做好铺垫。

总之，有效的拜访话术是我们与客户建立良好情感联结的最佳武器。在拜访客户的过程中，如果你能利用合理的话术与客户建立和谐的关系，赢得客户的信任，让客户敞开心扉接受你的信息，那么成交也就会变成一件水到渠成的事。

# 用细节打动客户

销售归根结底是一个与人打交道的活动，在这个过程中，除了要擅长用恰当的语言激发客户的好奇心和消费欲望外，还要注意一些细节问题，利用细节打动客户（见图 2–6）。

图 2–6　注重客户拜访细节

## 识别成交信号

一名优秀的销售人员不仅要“能说会道”，还要学会“察言观色”，能够从客户的一些细节表现中识别成交信号，成功踢出这“临门一脚”，推动成交进程。

（1）表情信号。一个人内心的感受和想法很容易通过面部表情流露出来，所以要了解客户是否有成交意愿，我们可以通过他的表情进行判断。一旦客户做出眉毛上扬、认真倾听、点头认可等表情，就表示他已经动心，此时最容易达成交易。

（2）语言信号。当客户对我们的产品或服务感兴趣时，往往会提出一些更详细的问题，特别是对自己不太了解、存有明显疑义的地方。我们要准确捕捉客户的这些成交信号，针对客户关心的问题进行详细解答。

一般来说，客户想要成交的最明显信号就是讨价还价。一旦进入讨价还价阶段，就表明客户已经具有强烈的购买欲望。我们可以换位思考一下，我们在什么时候会跟卖家讨价还价？显然是在看中某款商品，准备付钱购买时，这时跟卖家还价也只是想获得一些优惠而已。

针对讨价还价的客户，销售人员必须有非常充分的准备，因为这表明客户可能对商品的价格了如指掌，并有自己的最低心理价位；或者客户对其他条款基本同意，只是为了满足占便宜的心理或支付能力较弱，想在价格上再争取一些。针对不同的情况，销售人员要有相应的应对策略。

（3）行为信号。除了表情和语言外，客户的成交意愿也会以一些行为表现出来，比如客户认真地翻看我们提供的资料，认真倾听我们的分析，并时不时进行记录等。这些都是成交信号，此时我们就可以尝试询问客户是否愿意签单。

## 注重自身行为

你的每一个表情、每一个动作都是个人修养的表现，也都会影响客户对你的印象。因此，在拜访客户的过程中，我们要注意自身的每一个细节，时刻保持微笑；坐下时，要保持身体适当前倾；向客户递送名片时，要站起来或微微起身递送；客户讲话时，我们的目光要直视客户，并给予适当回应；告别时，要主动与客户握手，并表示感谢……

> 在阿里，公司会安排新加入的员工陪同老同事进行客户拜访，阿里内部称之为“拎包”，目的是让这些新员工在陪同拜访的过程中观察并学习经验丰富的销售老手是如何拜访客户的，比如如何与客户打招呼，如何处理冷场，从哪里开始谈业务，等等，通过观摩学习实战技巧。

工欲善其事，必先利其器，专业话术和拜访期间的行为表现决定着客户对你的印象，从而会推动成交顺利进行。当然，这些能力和习惯的养成都不是一蹴而就的，需要长期学习和积累，所以销售人员要始终保持一颗学习的心，时刻不忘记提升自己。

# 电话拜访没效果，是因为方法不对路

众所周知，阿里巴巴能取得今天的成就，阿里铁军功不可没。事实上，阿里铁军共有两支，除了被称为中国电商“黄埔军校”的“中供铁军”外，还有一支“诚信通铁军”。与中供铁军的直销方式不同，诚信通铁军的主要营销方式是电话销售。

除了 B2B 的中国供应商团队在正面战场上面对众多强大的竞争对手外，阿里巴巴在另外一条秘密战线上也有所布局。2002 年 3 月 10 日，针对国内中小型客户，阿里巴巴集团推出了内贸会员制产品——诚信通，也就是后来的“1688.com”国内交易平台。2005 年 8 月，我从苏州和常州区域（俗称江苏大区）被调回浙江大区担任“大政委”，协助阿里巴巴集团首席客户官、B2B 事业群前总裁吴敏芝女士，一起负责浙江大区和诚信通的“政委”工作。

诚信通是一支非常低调且神秘的电话销售团队，由张瑛女士发起组建，专门服务于国内小型贸易商。可以毫不夸张地说，当时除了厦门的戴尔电话销售团队之外，没有比诚信通更强大的电话销售团队。超过 800 名电话销售人员为阿里巴巴“让天下没有难做的生意”的信念贡献了自己的力量。同时，诚信通团队也诞生了一大批引领电话销售行业风向的人物，阿里巴巴集团的创始人之一戴珊就是其中的典型代表，此外还有许林芳、邓妙、王伶俐、涂林策等人。

电话拜访是销售人员必备的技能之一。与登门拜访相比，电话拜访不用出门就能与客户直接交流，极大地节省了拜访时间和经济成本。推广费用低和工作效率高，也使电话拜访成为许多企业和销售人员提高业绩的不二法门。

然而在与许多一线销售人员交流的过程中，我发现很多人进行电话拜访的效果并不好，很容易吃客户的“闭门羹”。经过一段时间的观察和研究，我认为很多时候电话拜访之所以没效果，并不是因为这种方式本身有问题，而是因为我们的方法不对路。

为了提升电话拜访的成功率，在电话拜访的过程中，我认为销售人员应注意以下 5 个细节（见图 2–7）。

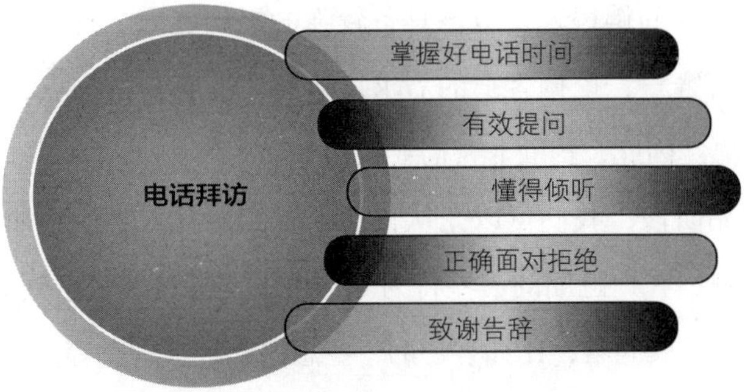


图 2–7　电话拜访的 5 个细节

## 掌握好电话时间

在对客户进行电话拜访时，时间的选择非常重要。

首先，对于以周为阶段的电话拜访，我们应尽量选在星期二到星期四，而避免星期一和星期五。作为上班的第一天——星期一客户要处理的工作通常比较多，这时电话拜访很容易被客户拒绝；而作为一周工作的结尾——星期五，你很容易得到“下周再联系”的答复。所以，星期二到星期四是最适合电话拜访的时间。

其次，以天为阶段的电话拜访，我们应尽量避免在早晨刚上班时的繁忙阶段和客户休息时打电话，上午10点到11点，下午3点到6点最为合适。

最后要强调的是，电话拜访时间不宜过长，以免引起客户反感，同时也要尽量避免自己还没表达完就因为客户时间不允许而不得不中断。这就要求我们在打电话前先明确自己的目的，将要传递给客户的信息梳理好，接通电话后，能够用最短的时间解决最关键的问题，这是提高电话拜访效率的一大秘诀。

## 有效提问

一名优秀的销售人员应该具备较强的提问能力。有效提问是为了进一步了解客户，挖掘客户的需求，从而找准客户的痛点，激发客户的购买意愿。因此，提问非常需要技巧。

在开始阶段，我们可以先从自己了解的情况入手，比如客户经营产品的品牌、客户近期的一些行为等，再由实际情况联系到其他方面，从而进一步扩展问题，比如客户的一些想法和经营理念等。

举个简单的例子，阿里营销人员在进行客户拜访时，常常会用到这样的话术作为开场白："您好，王先生，我是阿里巴巴中国网站上海渠道的小李，贵公司曾经在阿里巴巴平台上注册过一个会员，对吧？"

得到客户肯定的答案后，再进一步提出问题："现在阿里巴巴平台上许多人都对贵公司的产品很感兴趣，我想了解一下贵公司的生产能力，然后根据需求为您匹配一些合适的买家，您看方便吗？"

从这些问题中了解客户的关注点，再有针对性地与客户进一步探讨。比如，在进一步挖掘客户需求时，就可以这样提问：

"您目前的业务是怎么做的？"

"在网络贸易中，您最担心的是什么问题？"

"您认为哪些企业对您的产品的需求量更大？"

这样提问，就能引导客户谈一些更有深度的问题，你也能从中找到客户的痛点，为下一步的成交做准备。

## 懂得倾听

电话拜访本身就是一个双向沟通的过程，我们不仅要懂得表达，还要懂得倾听，从倾听中了解客户的真实需求，为今后的成交做铺垫。

需要强调的是，在倾听时一定要全神贯注，不可分心，在必要时还要做好记录，不可随意打断客户。同时还要注意适当将倾听与表述的角色进行合理转换，为客户营造一种自然放松的沟通环境。

## 正确面对拒绝

成交从来都不是一蹴而就的，销售人员在电话拜访中被客户拒绝也是家常便饭，但这并不意味着沟通就失败了。所以，当客户以不方便等为理由拒绝继续通话时，我们也不要马上挂掉电话，电话一旦挂断，就表示这次拜访彻底失败了，我们要做的是为自己争取一两分钟的时间，将自己的意图用最简短的话语表达清楚，尽可能吸引客户。比如："如果阿里巴巴可以帮助您拓展市场，您会考虑和我们进一步合作吗？"

## 致谢告辞

千万别小看最后的告辞环节，处理得当，很有可能会为我们赢得再次拜访的机会。相关资料显示，第一次接触就实现成交的销售只占2%，而剩下的98%都是在跟踪联系后成交的。所以在电话拜访的最后环节，我们要用礼貌用语向客户表示感谢，甚至可以尝试预约下一次沟通。需要注意的是，在任何时候都不能让客户率先提出拜访结束，结束一定要由你提出，要懂得合理掌握销售节奏，掌握拜访的主动权。

最后，我要强调的是，在很多时候，你的第一通电话、第一次与客户交流并不是为了销售产品或服务，更不是为了跟客户讨论产品或服务，而仅仅是为了获取线下面对面沟通的机会，所以在电话中不要讨论其他事项，只针对此次会面进行沟通。

# 第三章

# 消除客户疑虑，急速签单

很多时候客户犹豫不决，迟迟不肯签单，并非他们完全不需要，而是因为他们对交易还存在疑惑和不信任。对于销售人员而言，要实现快速成交，就必须消除客户的疑虑，为客户提供更多有效的信息，让客户放心签单。

# 决定成交的三大关键因素

一些销售人员不愿意在同一个客户身上浪费太多精力，只想找到那些能快速成交的客户。虽然这样能节省许多时间和精力，但同时也会错过许多订单。优秀的销售人员应该适当了解一些心理学知识，以便准确把握客户的心理。很多时候，销售长时间不能成交，往往是因为方向出了问题，没有在客户身上找到成交的决定性因素。

通常来说，决定能否与一位客户成交的关键因素有三个，即真实需求、关键决策人和付费意愿（见图 3–1）。

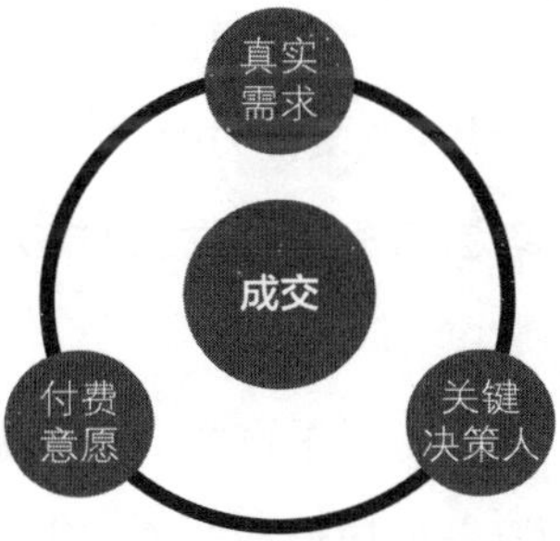


图 3–1　决定成交的三大关键因素

## 真实需求

想在销售过程中打动客户，销售人员就要明白产品的卖点是什么，你要为客户找到一个强有力的消费理由。有人认为，产品价格是决定成交的主要因素，其实不然，产品价值才是主要因素。而判断产品价值的唯一标准就是它能否为客户带来好处或解决问题。所以，要想与客户顺利成交，我们就必须找准客户的真实需求。

提到寻找客户需求，很多人可能会说："这个很简单啊，直接问客户需要什么不就可以了？"事实并非如此。很多时候，连客户自己都不知道自己到底需要什么，只有当你将产品放到他面前，他才会恍然大悟："哇，这才是我想要的！"

福特汽车公司的创立者亨利·福特曾说："如果我当年去问客户他们想要什么，他们肯定会告诉我，他们想要一匹更快的马。"所以，客户需求是需要销售人员自己去探索分析的。

需要注意的是，客户需求与需要是有差别的。需要是一种促使购买的原动力，比如饿了需要吃饭、渴了需要喝水；而需求是指能满足客户现状，与客户现在的经营情况等相对应的一些需求。比如在剧烈运动之后，运动员要大量补水。这时，补水并不是需求，而是需要。运动员真实的需求是一种能快速恢复体力的功能性饮料。

根据东京理工大学教授狩野纪昭发明的 KANO 模型，我们可以将客户需求划分为以下 5 类。

（1）基本型需求。基本型需求也叫必备型需求，是客户要求企业提供的产品或服务必须具备的属性或功能。当产品能够满足客户的这类需求时，客户会认为这是理所当然的，充其量也只是满意，但当产品不能满足客户的这类需求时，客户就会对此产生强烈不满。

举个简单的例子，我们知道空调的主要功能是制冷或制热。当我们购买了空调，安装后，其可以正常工作，这时我们并不会因此满意。但是，如果安装调试后，发现该空调不能正常制冷，那我们就会非常不满，会进行投诉或直接退货。

再举个例子，阿里巴巴早期国际站的“中国供应商”的主要客户是一些想寻找国外客户或买家的中小型外贸企业。当时的中小型外贸企业缺少接触国外买家的渠道，客户想做外贸业务，要么依托外贸公司或大型外贸集团接一些订单，但因为经过中间商渠道，订单的利润空间非常小，辛苦一年下来也只够养活自己而已，根本谈不上赚钱；要么就自己参加大型展览会，比如广交会或自己出国参展。广交会不仅名额少，费用还非常高。出国自己参会就更是困难重重，既要申请、准备样品，还要订机票和酒店等，投入巨大。这些中小型外贸企业对推广渠道的需求就属于基本型需求，道理很简单，如果找不到客户，这些企业就无法生存。

对于客户的这类需求，企业应尽可能给予满足，不要在这方面丢分。

（2）期望型需求。期望型需求也叫意志型需求，也就是客户期望产品或服务为自己带来的价值比较高，这不是产品必须具备的属性，但却是客户希望获得的。这类需求得到满足，客户的满意度就会显著增加；反之，客户就会不满意。

同样以空调为例，客户购买的空调在使用一段时间后，发现制冷效果出了问题，于是联系售后。结果发现售后的服务效率非常低，拖了很久才来维修，多次维修后空调仍然无法正常使用。这时客户会对该品牌的空调非常失望，从此再也不会购买这个品牌的产品。

对于这类需求，企业应努力提高自己产品或服务的质量，力求超越竞争对手，提升客户的满意度。

（3）魅力型需求。魅力型需求也叫兴奋型需求，是指企业提供的产品或服务超出了客户的预期，能为客户带来意外惊喜。当这类需求得到满足时，客户的满意度就会大幅提升；反之，即使没有满足客户的这类需求，客户也不会因此而感到不满。

海尔集团曾要求售后服务人员在为客户提供售后服务时做到五个“一”：准备一张名片、一副鞋套、一块垫巾、一块抹布，同时提供一站式产品通检服务。对于产品出现问题的客户而言，真实需求是维修好产品，而不是服务人员是否有鞋套和抹布。海尔集团的这些服务都超出了客户预期，让客户感到很愉悦。但如果售后服务不包括这五个“一”，客户也不会因此而感觉很糟糕。

对于这类需求，企业应努力发掘客户的潜在需求，争取领先竞争对手。

（4）无差异型需求。无论企业是否能满足客户的这类需求，对客户体验都不会产生影响。

比如，一些航空公司会为乘客提供相应的会员服务，会员可以参与积分兑换礼品等活动。乘客选择航空公司的核心需求是时间和效率，所以会员服务对客户体验并没有明显影响，这类需求就属于无差异型需求。

（5）反向型需求。反向型需求也叫逆向型需求，企业满足客户的这类需求后，反而容易引起客户的不满，因为并非所有的客户都有相似的要求。

比如，老年人一般喜欢使用功能简单、实用的手机，如果企业参照年轻人的喜好为老年手机设计一些复杂的功能，那么老年人操作起来就会感觉很麻烦，这样就容易给客户带来不好的体验。

了解了客户的5类需求后，我们要做的就是利用产品或服务满足客户的这些需求，以便更好地消除客户疑虑，为快速签单奠定基础。具体的操作方法，我们可以参照以下三个步骤（见图3-2）。

图3-2 挖掘并满足客户需求

（1）客户痛点。所谓痛点，就是客户在日常生活或使用某些产品时的一些不适的感觉，是一种负面且消极的感受。其实，客户的痛点就是产品的机会，所以在挖掘客户需求时，我们一定要走进客户的内心，通过观察、调研、实际体验等方式寻找并发现客户的痛点。

（2）动机和驱动。有痛点就有需求，找到客户痛点后，接下来我们要做的就是从客户痛点中挖掘客户的需求动机，并根据客户的需求动机对客户的现有痛点进行放大，同时激发客户某方面的利益需求，以此使客户呈现真实需求。

比如，许多人在选择洗涤用品时，除了要求洗得干净外，最关注的就是安全问题。特别是有孩子的家庭，家长会担心洗涤用品中的有害物质可能伤害孩子娇嫩的皮肤。如果你是一位洗涤用品销售员，在推销产品时，就可以先向客户普及荧光剂的危害，将孩子长期接触被含荧光剂的洗涤用品清洗过的衣服的后果告知客户，将客户担心孩子安全性的痛点最大化，以此激发客户寻找一种不含荧光剂洗涤用品的需求。

（3）产品或服务标准化。挖掘客户需求的最终目的是使我们的产品或服务满足客户的需求，因此在寻找并发现客户痛点、挖掘需求动机之后，我们可以把这些当作参照向客户介绍产品或服务，帮助客户解决问题，从而为客户创造独特的价值主张。

比如，当你发现客户的需求是一种不含荧光剂、安全的洗衣用品后，就可以告诉客户，你的产品不含荧光剂，且采用美国先进的科学技术，能够迅速分解各种污渍，在保障安全的前提下，让衣物洁净如新。很明显，这就迎合了客户的需求，解决了客户的痛点。

## 关键决策人

关键决策人指在交易过程中拥有最终审批权或决策权的关键人物。需要注意的是，在对企业、家庭或政府进行销售时，关键决策人是由多人组成的决策委员会或决策团队。

关键决策人对交易的成败起着非常关键的作用，如果不能获得关键决策人的认可，交易就难以落实。所以想要快速成交，销售人员就必须在最短的时间内搞定关键决策人，具体可以分为以下三步进行（见图 3–3）。

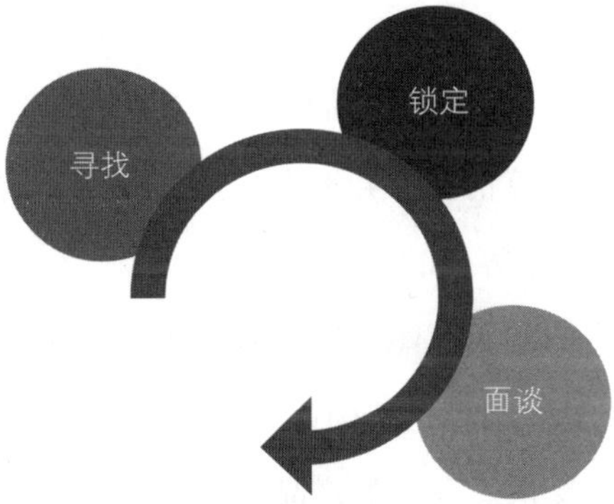


图 3–3　搞定关键决策人三部曲

（1）寻找。在寻找关键决策人的过程中，你要尽快摸清客户方的人事机构和决策机制，找到关键决策人。最有效的方法就是简单直接地询问企业的对接人，如果对接人不愿透露相关信息，你可以询问公司其他部门的相关人员，或者根据你的经验，直到找到相关决策人。

（2）锁定。明确咨询对方对此次业务洽谈的看法，以获得第一手真实的资料。

（3）面谈。如果对方有真实的需求，并且关键决策人也愿意与你面对面沟通，这就释放了非常明确且友好的信号。此时，我们一定要乘胜追击。在面谈前，要做好充分的准备，针对对方的需求强调自身优势，给客户一个不得不选择我们的理由。

## 付费意愿

客户付费意愿也是决定成交与否的一个至关重要的因素，在明确客户需求，找到关键决策人后，我们要做的就是了解客户的付费意愿，通常需要从两个角度进行评估。

（1）预估客户的支付能力。支付能力决定消费能力，所以支付能力对客户付费意愿有着至关重要的影响。我们可以通过多个渠道了解客户的总体规划和预算情况，弄清客户是否有类似的采购行为以及相应的金额等，以此预估客户的支付能力。

（2）确认客户的购买意愿。这里有两个很实用的方法，可以帮助销售人员对客户的购买意愿进行确认。

第一，假设成交法。我们的产品或服务能否为客户创造足够的价值，是影响其购买意愿最关键的因素。为此，我们可以通过假设成交法向客户阐述产品的卖点，以及成交后产品会给客户带来的价值。很多时候，客户更关注的是问题本身能否解决，而不会关注具体的解决方法。在这种情况下，我们就要明确地告诉客户，我们能帮他们解决什么问题。

第二，反问法，也就是直接反问客户不愿意成交的主要原因是什么，然后针对问题逐一解决。

俗话说，会挑问题的买家才是真正的买家。当客户有疑义时，反而说明我们有机会取得成功，解决客户问题就能促成成交。

总之，真正意义上的销售高手往往具备良好的判断力和敏感性，能够准确把握影响成交的重要因素，迅速消除客户疑虑，以最快的速度促成签单。

# 为什么客户总觉得贵

产品或服务的性价比是影响客户购买决策的一个重要因素，对于销售人员而言，最高级的销售手段就是让客户觉得物超所值，甚至产生一种“占便宜”的感觉，这样才能有效推动成交。那么，如何让客户感觉物超所值呢？

精明的销售人员通常都懂得如何对客户的心理和实际需求进行准确判断，然后顺势而为推出能够满足客户真实需求的产品或服务。因此，从某种意义上来说，用产品服务客户仅仅是一种低端的商业理念，商业营销的最高境界是用产品引导客户、教育客户。

要打破客户对价格的认知，让其产生“占便宜”的感觉，我们首先要了解客户的真实想法，弄清客户为什么会觉得贵，然后再有针对性地采取相应措施。通过总结，我认为客户觉得产品贵的原因主要有以下 4 种（见图 3–4）。

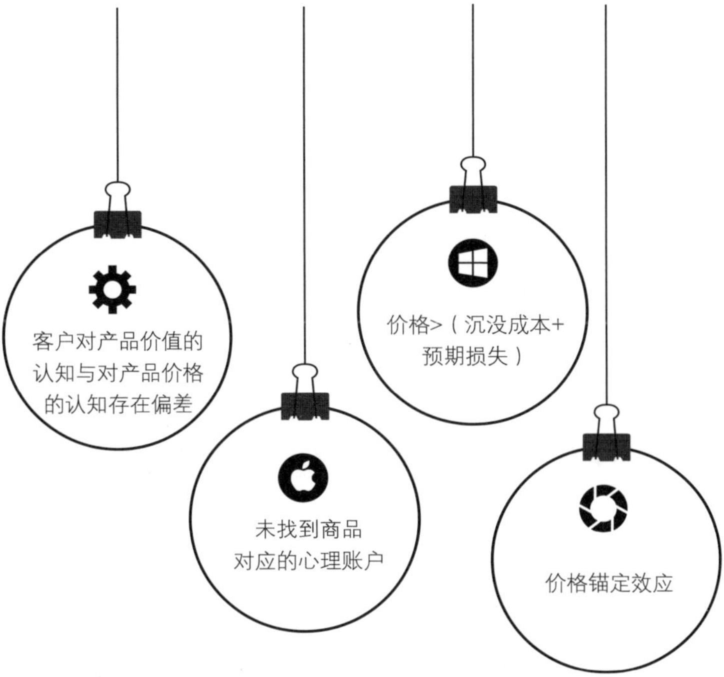


图 3-4　客户觉得贵的原因

## 客户对产品价值的认知与对产品价格的认知存在偏差

按照马克思主义政治经济学的观点，所谓价值，就是一种必要的社会劳动以某种形式凝结在商品之中，而生产该商品所需社会劳动的时间决定了价值的大小。价值往往是通过货币体现的，也就是商品的价格。在大多数客户眼中，价格就是衡量商品价值的主要标准。但由于信息不对称，客户对产品价值和价格的认知往往存在偏差。正是这种偏差使客户认为产品价格高于其价值，所以就会觉得产品贵。

针对客户的这种心理，销售人员可以重点向客户讲解产品的价值，通过适当的价值教育及效果展示引导客户对产品价值进行重新评估。有时客户对于产品价值并不是十分清楚，经过销售人员的适当引导，才能真正认识产品的内在价值。

代表高贵、富有和与众不同的钻石，因为商家对客户的价值教育并且赋予其特定的情感含义，而成为价格和价值分离的典型代表。过去10年，珠宝首饰行业如雨后春笋般涌现出很多新兴品牌，比如来自香港的周大福和周生生，来自内地的周大生和周六福，以及互联网钻石品牌I Do和钻石小鸟等。商家正是看到了商品价格和价值的脱离现象，价格空间正在逐步释放，才趁机抢占了中低端市场。

## 未找到商品对应的心理账户

2017年，诺贝尔经济学奖获得者、芝加哥大学行为科学教授理查德·塞勒提出了“心理账户”的概念。他认为心理账户就是一个人在心理上对结果，特别是经济结果进行编码、分类及估价的过程，它可以恰到好处地展现一个人在做财富决策时的心理认知过程。我们可以通过两个有趣的现象进一步了解心理账户的概念。

**现象一：你可能没有喝过江小白的酒，但你一定读过江小白的文案**

“你以为我喝的是酒，其实我喝的是寂寞……”“手机里的人已坐对面，你怎么还盯着手机看？”“世界上最遥远的距离是碰了杯，却碰不到心。”“愿十年后，我还给你倒酒，我们还是老友。”“所有人说‘我没醉’的时候，都是要讲真心话的前奏。”“我把所有的人都喝趴下，就是为了和你说句悄悄话。”“毕业时，约好一年一见；再聚首，却已是而立之年。”……

相信大家对这些文案都不陌生，在产品包装上印上这些有煽动性的文字、句子等，往往瞬间就能打动人心。这就是巧妙地将白酒作为社交载体表达自我情绪，从而提高了产品价值，使客户心甘情愿地从自己的心理账户中拿出钱购买。

**现象二：知识付费产品**

截至 2020 年 3 月 12 日，在得到 App（应用程序）上架的《薛兆丰的北大经济学课》一共卖出 483 658 份，单价 199 元，累计营收 96 247 942 元。薛兆丰也一跃成为当之无愧的新晋知识网红，这是知识付费领域的一个无可争议的绝对高点。

自 2016 年起，我国知识付费领域开始广受关注，分答、得到、知乎 Live 等各个知识付费平台相继上线。知识开始以一种全新的社交货币形式在市场流通，越来越多的人愿意为知识付费。从某种意义上来说，知识付费售卖的其实是成长，是成长的焦虑，所以客户才愿意从个人成长和对未来期望的心理账户中拿出钱来购买。

以上两个案例充分说明，客户会将钱分别存入不同的心理账户，并且这些心理账户都是独立存在的。很多时候，客户之所以觉得产品贵，迟迟不愿做出购买决策，就是因为他们没有找到该产品相对应的心理账户。如果产品与客户的心理账户相匹配，那么客户就会愿意消费，哪怕别人无法理解。比如，一些女生愿意为一支绝版口红、包包而花掉自己几个月甚至一年的工资，就是因为这些产品匹配了她们的心理账户。心理账户的存在可能令客户在做消费决策时违背经济规则，做出一些非理性的消费行为。

因此，针对这一点，我们在销售过程中就要牢牢抓住客户的需求，尝试改变或转移客户对商品的认知，使客户的心理账户发生转移，从不愿意付费到心甘情愿买单。

## 价格 >（沉没成本 + 预期损失）

我们先来看看沉没成本和损失厌恶这两个经济学概念。

沉没成本是指已经发生且不可收回的支出，如时间、金钱和精力等。损失厌恶是指在可计算的情况下，人们更容易高估其损失东西的价值，而低估已经得到的东西的价值，也就是人们常说的“得不到的和失去的永远是最好的”。

当客户在做出购买决策时，必须付出一定的成本，如货币成本、时间成本、心理成本等，这些成本构成了沉没成本。与此同时，由于客户不愿面对损失，总觉得自己的沉没成本高于得到的东西的价值，因此总有一种吃亏上当的感觉，觉得产品很贵。

2020 年初，新冠肺炎爆发，具备除菌杀毒功能的商品，如口罩、消毒液、医用酒精、室内空气净化器等开始走俏。很显然，在这种特殊时期，口罩、消毒液、医用酒精和药品等成为必需品。对于空气净化器，客户在做出购买决策时就会有些犹豫，毕竟其价格较昂贵，如果疫情消退，其价值将逐步降低，一旦购买，沉没成本就很高，与其购买空气净化器，还不如购买医用酒精和常备药品等。

针对这种现象，我们该如何说服客户进而实现成交呢？

此时，你必须了解潜在客户的这种心理状态，然后在此基础上向客户强调商品的价值和功能，这样才能有效推动成交。比如在推销空气净化器时，我们就可以向客户重点强调空气净化器的作用和使用寿命，强调其对多种疾病的预防作用。新冠肺炎给我们最大的启示，就是任何时候，生命健康永远是第一位的，并且预防大于治疗，我们要呵护自己。在这一点上，空气净化器能创造的价值远远高于口罩和药品等，销售人员可以此打消客户的疑虑，促使其下单。

## 价格锚定效应

价格锚定效应又被称为沉锚效应，是指客户在计算商品价值或价格时，会将记忆中某些相似、相近或熟悉的特定数值作为起始值，这个起始值就是价格在客户心中的锚定值。如果商家无法突破客户心中的这个锚定值，也就是参考价格，那么客户就不会做出购买决策。

针对这一点，在销售过程中，我们可以设置相应的“诱饵选项”，或者策划并向客户展示“陪衬价格选项”，以此为客户营造“值得”的感觉，让其心甘情愿下单。

阿里巴巴中国供应商早期的定价为 6 万元人民币（折合约 1 万美元），应该说是物有所值的，但如何让客户接受这个价格，并且认为这个价格具有很高的性价比呢？我们当时采用的策略就是与同行的价格进行对比。

当时，阿里巴巴最大的竞争对手环球资源在这一市场上已经具有一定的影响力。2000年，环球资源便已成功在美国纳斯达克股票市场公开上市，而此时阿里巴巴刚刚成立一年。对于阿里巴巴来说，环球资源既是一个强大的对手，也是一个值得尊敬和学习的对手。但事情总有两面性：一方面，很多优质的外贸企业都是环球资源的客户，环球资源的存在证明了这种商业模式和产品的可行性，这也相当于帮助阿里巴巴教育了客户，向客户灌输了推广意识；另一方面，阿里巴巴又非常精准地找到了环球资源的弱点，即价格高。当时，环球资源的成交价格基本都在10万元人民币以上。针对这一点，我们在销售时主打的就是价格和性价比，从而在客户心中留下了“高性价比”的印象。不久，阿里就从环球资源手中抢到一大批客户，成功在市场中站稳脚跟。

我们再来看一个案例。美国西南航空公司成立于1971年，其总部位于得克萨斯州达拉斯市。自成立第三年起，西南航空便开始赢利，此后一直保持赢利状态。这家依靠“打折航线”而闻名全球的航空公司，与其他航空公司相比最大的优势就是为旅客提供低票价的安全出行服务，让旅客用坐巴士的价格享受坐飞机的旅行服务。对此，西南航空公司专门对成本结构进行了优化，比如只采购波音737一种机型，不在飞机上提供餐食，甚至连登机牌都是能重复使用的塑料登机牌。一旦行李超重，旅客就必须购买第二张机票……这些手段有效地降低了飞行成本。虽然其机票价格远远低于其他航空公司的机票价格，但西南航空以客座率奠定了自己在美国航空公司中的地位。

早期的阿里和西南航空公司的成功在很大程度上都是利用了价格

锚定效应，让客户发自内心感觉自己的选择物超所值。

所以，要想快速成交，销售人员就必须在最短的时间内让客户拥有一种产品或服务“物超所值”的感受，针对客户觉得产品或服务贵的主要原因对症下药，方能达到事半功倍的效果。

# 影响客户购买决策的因素

现代营销学之父、美国经济学教授菲利普·科特勒在《营销管理》一书中曾提到“客户感知”这个词。他认为，客户在做购买决策时，通常不会单纯地看产品或服务为自己带来的总体利益，还会考虑自己要付出的总体成本，当获得的总体利益高于所付出的总体成本时，才会考虑购买，反之，就会放弃购买。而客户的总体利益减去客户所付出的总体成本得出的数值，就是客户价值感知（见图 3–5）。

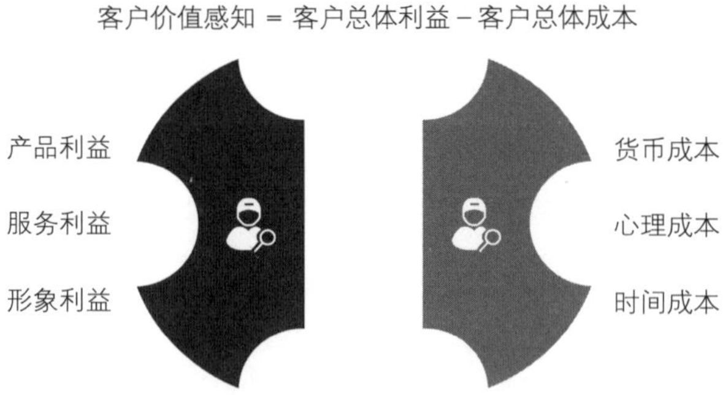


图 3–5　客户价值感知公式

当潜在客户的总体利益和潜在客户的总体成本的差距，也就是潜在客户的感知价值越大时，潜在客户购买的可能性越大。

因此在销售过程中，销售人员可以从客户的感知价值入手，不断提升客户将获得的总体利益，同时降低客户要付出的总体成本，以此消除客户的疑虑，促使客户最终签单。

## 提升客户总体利益

客户总体利益是指客户在消费时能获得的产品、服务及形象等方面的利益的总和。

（1）产品利益。产品利益又可以分为经济利益、功能利益和心理利益。

经济利益是指产品能够带给客户的直接好处。比如，大家通过一些网络直播课可以获得专业知识，提升某一方面的技能；通过阅读本书，可以掌握快速成交的基本方法，这就是产品赋予你的经济利益。

功能利益是指产品的一些功能可以帮客户解决实际问题，这也是人们对产品最基本的要求。比如，滴滴出行等打车软件可以让乘客不用花费大量时间在路边等车，预约后就会有司机上门接送；洗衣机能够帮助我们把脏衣服洗干净。这些都属于产品或服务的功能利益。

心理利益则是指产品能够让客户产生的一种自我满足的心理。比如，一些银行和机场会为客户提供VIP（贵宾）服务，使一些客户能优先享受某些特殊的服务和待遇。这些特殊服务和待遇就会令这些VIP客户产生一种较强的满足感，这就是心理利益。

（2）服务利益。服务利益是指客户在购买产品之后享受的一些服务权益，包括售后服务、后续增值服务等。在这个体验至上的时代，客户对于服务的要求越来越高，所以良好的服务可以有效地为产品加分。

举个简单的例子。我曾经购买了某品牌的电视，在产品配送前，该品牌的客服主动与我联系，约定具体的送货时间，并询问我什么时候可以安排专人上门安装，同时还提示我安装属于免费服务，安装师傅没有权力以任何形式向我索取费用。而安装师傅在上门前，同样与我电话联系，确认时间。安装完成后，客服再次联系我，询问我安装师傅是否准时上门，对其服务是否满意等，并告诉我如果有售后问题，可以打 ×× 电话与之取得联系。

这一系列操作让我感觉这个品牌的服务非常贴心、到位，下次有需要，我还会选择这个品牌的产品。

因此，我们千万不要小看服务利益对客户的影响。很多时候，它甚至比产品本身对客户购买决策的影响还重要。

（3）形象利益。形象利益是指该产品品牌是否具有一定的知名度，是否属于大品牌，产品包装是否为客户所钟爱的类型，产品是否实用，等等，这些都是产品能够为客户提供的形象利益。因此，在向客户推荐产品时，我们可以向客户充分展示产品的相关信息，比如品牌包装有哪些特色或信任背书等。

阿里巴巴成立早期，由于缺乏知名度，国际站的中国供应商产品和销售团队面临的一个最大难题就是产品的形象问题。为了提振客户的信心，阿里巴巴采取了“走出去，请进来”的策略。

一方面，公司全力在国外，尤其是在美国，投入大量的广告资源，并在全世界巡回参加各种展会，包括电子展、机械工具展、玩具展等。只要有展会的地方，就一定有阿里巴巴的展台，以此大力推广国际站。

另一方面，阿里巴巴又将国际上的买家请进中国，组织小型客户见面会，在家门口直接与外商洽谈。

通过这样持续不断的投入和深耕，阿里巴巴逐渐打出了知名度。随着买家和卖家的数量不断增加，高质量和活跃的商家也越来越多，平台生态越来越丰富，成交率不断提升。由此，阿里巴巴对客户的说服力变得越来越强。

## 降低客户总体成本

客户在制定购买决策时，往往会综合考虑产品从购买到维护的整个过程中所付出的成本，包括货币成本、心理成本、时间成本等。

（1）货币成本。货币成本也就是客户在购买、使用以及维护产品的过程中付出的直接货币成本。评判货币成本高低的标准主要取决于客户对产品价值认知和对产品实际认知的对比。简单来说，就是产品的实际价格和客户的心理价位是否相符。这一点我们已经详细讲解，这里不再赘述。

（2）心理成本。心理成本也就是客户在购买产品时考虑的问题，如产品的质量、售后服务是否可靠，一旦出现问题，能否得到及时解决，其他客户对产品的评价怎么样，等等。要想消除客户的这些疑虑，让客户快速下单，我们就要想办法为客户解决这些问题。比如，我们可以向客户展示其他客户的好评、为客户提供售后服务保障承诺书、介绍自己的客户规模等，这些都能在一定程度上降低客户的心理成本。

早期阿里巴巴在中国供应商的销售过程中，为了提升客户对产品的认知，减少客户的疑虑，整个销售团队在销售模式和内容上都进行了很多创新，比如举办网商大会。网商大会的主要内容就是介绍产品，向潜在客户分享其他客户获得的收益等，主要目的就是促进成交。所以一旦准备举办网商大会，销售团队就会全力邀请客户前来参加，因为这是促使客户签单的最佳机会。

与此同时，网商大会还可以提升客户体验：一方面，大家能够在网商大会上遇到很多同行，彼此交流经验；另一方面，老客户可以感受到阿里巴巴承诺的服务，同时潜在客户可以聆听老客户的成功故事，有效降低客户的心理成本，为签单奠定良好的基础。

（3）时间成本。时间成本是客户在做购买决策时考虑的时间问题，比如怎样才能获得该产品或服务，这些过程需要花费多长时间，产品的使用是否方便，等等。

举个简单的例子，我们在购买某些线上课程前，一般会分析是否需要下载并安装相应的App才能付费和听课，还是通过微信公众号直接扫码付费即可听课。如果需要下载并安装App，那么步骤是否烦琐？使用起来是否简便？是否需要培训时间？是否有专业人员予以指导？比如一些游戏在初次登录时，会为玩家提供专门的教学视频，告诉玩家如何一步步操作，这些就能极大地节省客户的探索时间，减少他们的时间成本。

为了打消客户对于时间成本的顾虑，在推销产品时，我们要将产品的购买、使用的便捷性向客户充分展示，以便消除客户的后顾之忧。

总之，客户的价值感知会直接影响客户的购买决策，提升客户价值感知也是消除客户疑虑、实现急速签单最有效的方法之一，同时也是每一位销售人员必须掌握的基本技能。这就要求企业和一线销售人员必须学会严谨分析客户的购买决策，并针对产品的核心利益和成本进行提炼和总结，有针对性地对潜在客户进行解析，同时提供购买决策所需要的全部信息，从而最终促成交易。

# 通过客户触点提升客户满意度

作为一名销售人员，被客户拒绝简直就是家常便饭，几乎每个销售人员都被拒绝过。常见的情况是，销售人员口若悬河地为客户介绍产品或服务的功能以及优势，结果客户只回了一句“好的，我先了解下”，或者“好，有需要我会联系你”。有些时候，销售人员连话都没说完，就直接被客户的一句“不好意思，我现在很忙”否定了。

这种情况不难理解，因为人们都不喜欢被动地接受推销。就像我们去超市购物一样，如果营业人员一直在后面跟着你滔滔不绝地向你介绍产品，反而会令你反感。与被动推销相比，客户往往更喜欢自主决定，因此优秀的销售人员一定要懂得如何为客户创造一种可以主动购买的环境和氛围。

这里我为大家介绍一个概念——触点营销。

什么是触点？就是指客户在购买、使用产品的过程中与产品进行接触的每一个点，这个点能够被客户通过某种感官接收到，包括客户的视觉、触觉、嗅觉等一切可以带有情感附加值的感受。触点营销就是通过对这些触点进行管理，针对我们与客户接触的这些关键时刻设计营销方案，在正确的时刻，以正确的方式为客户提供正确的产品或服务，从而促进成交。

从最初的了解、吸引到主动询问、购买，再到最终的代言，客户购买模型中的每一步都蕴藏很多触点（见表 3–1）。销售人员要做的，就是通过对客户购买行为路径的分析，设计客户购买模型，然后分析这个过程可能遇到的每一个客户触点，并对这些触点进行设计、优化，创造良好的客户体验，从而让客户产生认同感，提升客户的满意度，最终实现成交。

表 3–1　客户购买模型和触点示意

| 客户行为 | 客户表现 | 可能的触点 | 客户印象关键词 |
| --- | --- | --- | --- |
| 了解 | 被动接受，来自第三方或品牌广告 | 从其他地方获得产品信息，无意间看到产品推广信息，想起过去的体验 | 我知道了 |
| 吸引 | 处理已知信息，加工信息，收集对比 | 被产品吸引，列出心仪产品清单 | 我喜欢 |
| 询问 | 从第三方渠道获取相关信息，并验证已知信息 | 向朋友寻求帮助，查看网络评价，比价 | 我相信 |
| 购买 | 做出购买决策，并完成产品支付 | 在线上或线下购买，试用，享受服务 | 我要买 |
| 代言 | 忠诚度高，复购，推荐 | 继续用，再次买，推荐周围的人使用 | 我推荐 |

触点营销能否成功，关键在于产品或服务是否为客户提供了令其满意的价值。从某种程度上来讲，客户的满意程度决定了产品或服务的成交可能。那么如何通过触点设计提升客户的满意度呢？我们先来

看一下客户满意度心力模型，即客户在了解产品或服务的过程中，对其产生了良好印象，进而被吸引，有了一定的期望，然后尝试接触，亲自体验，最终被征服，做出购买决定甚至主动为其宣传（见图 3-6）。

图 3-6　客户满意度心力模型

通过上面的模型可以看出，客户的满意度主要取决于客户的期望水平和实际体验之间的差距。差距越小，客户满意度就越高。因此，我们在设计触点时，应该秉承以下 4 个原则。

（1）简洁性。在向客户传递产品价值时，所使用的语言、所传递的内容等一定要简单明了，要使客户能够快速理解并进行检测。

（2）一致性。对外传播的品牌形象、产品或服务的内涵及表现等，都必须保持一致，从而有效地强化产品或服务在客户心中的印象。同时，这还能有效避免客户的期望过高，如果客户的期望与实际体验差别较大，会降低满意度。

（3）目标清晰。为了保证将产品的作用准确传达给客户，销售人员在设计触点时，要有明确的目标。比如产品名称和 logo（标志）就是为了建立品牌辨识度，打造特色品牌，产品功能介绍是为了赢得客户认同，并促使客户进一步了解。

（4）反馈与优化。所有的客户触点和体验都需要一个反馈机制或通道，用于接收客户反馈，并且要不断迭代升级。只有让客户在体验后感到满意，才是有效体验。

总之，触点贯穿于客户购买模型的每一个环节。每一个触点体验都像一层筛网，通过触点体验筛选一些客户。所以，从了解到代言，越往上推进，客户数量越少，真正能成为产品忠实粉丝并愿意为产品代言的客户非常有限。要想留住更多的客户，推动更多的成交，就要求我们必须注重每个环节和触点，尽可能地提升客户满意度。客户满意度越高，成交的概率就越高。

# 客户购买行为模式分析

毛主席曾说："谁是我们的敌人，谁是我们的朋友，这个问题是革命的首要问题。"[①] 这句话应用到销售上同样适用。作为一名销售人员，你必须能正确认识并理解你的客户，你对客户的判断也将直接决定成交的概率和成交金额。只有准确判断客户的各种行为，才能针对不同的客户采取不同的销售方法，对症下药，实现成交。

一般来说，客户购买行为可分为个体性购买行为和群体性购买行为两类。按照购买行为特征，我们又可以将客户购买行为分为理智型、习惯型、经济型、冲动型和疑虑型 5 种。下面我们逐一对 5 种购买行为进行分析，并根据不同购买行为的不同特点给出相应的建议或方案（见表 3–2）。

① 毛泽东. 毛泽东选集（第一卷）[M]. 北京：人民出版社，1991.

表 3–2　5 种购买行为及对策

| 分类 | 行为特征及心理状态 | 实战技巧 |
| --- | --- | --- |
| 理智型 | 对比、询价；善于思考，主观性强 | 实证诱导 + 证据诱导 |
| 习惯型 | 品牌产品；惯性，有限决策 | 建议性诱导 |
| 经济型 | 便宜；较小的代价，最高的收益 | 建议性诱导 |
| 冲动型 | 刺激、认知偏差；直爽 | 转化性诱导 |
| 疑虑型 | 谨慎迟缓；犹豫；害怕失去 | 证明性诱导 + 情感诱导 |

## 理智型购买行为

理智型购买行为是指客户在购买之前通常会广泛搜集所需购买商品的所有信息，并且会经过周密的分析、思考和评估。

这类客户在选择产品时往往非常慎重，广告宣传和其他人的购买行为等对其影响不大，他们的购买决定通常建立在对产品质量、性能等方面反复比较分析和认真思考的基础上，购买时间往往较长。然而一旦做出购买决定，便会果断付款，并且对自身选购产品的满意度较高。

由此可见，这类客户善于思考，行事谨慎，具有较强的主动性，但同时他们也比较自我，喜欢以自我为中心。在面对这类客户进行销售时，销售人员要尽可能地做到实事求是，并表现出足够的耐心，详细地向客户讲述产品的优势，其间，可采用实证诱导和证据诱导相结合的销售方式（见图 3–7）。

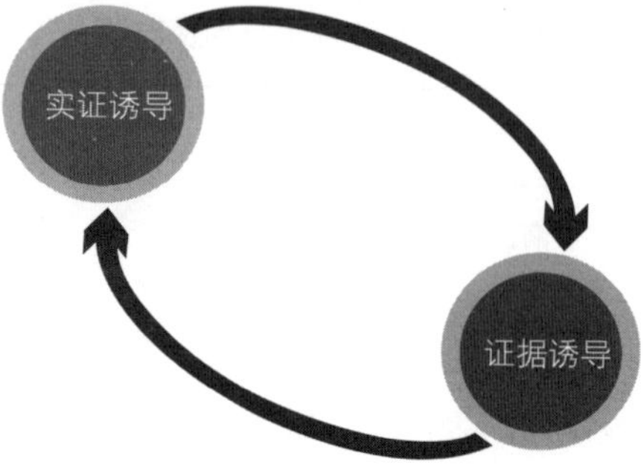


图 3-7　实证诱导 + 证据诱导

（1）实证诱导。实证诱导就是当场向客户提供实物证明，展示产品效果，以此打消客户心中的疑惑。

比如，客户在选择衣服时，我们就可以邀请客户当场进行试穿，向客户展示衣服亲肤、塑形等效果，加强客户对于产品的认知，增加客户的好感度。

（2）证据诱导。证据诱导就是向客户提供间接消费效果的证据，比如向客户展示产品的销量、成功案例和客户的好评度等。

早期的阿里巴巴中国供应商销售团队曾开设了一个“百年大计”培训班，所有新入职的销售人员在上班第一天不是去办公室报到，而是买一张火车票去杭州，参加为期一个月的“百年大计”培训。在这一个月的培训中，销售人员既要学习如何对客户分类，还要分析无法成交的原因，以及应采取哪些策略应对不同类型的客户等。培训班还会邀请很多销售冠军到现场进行实战分享，并让学员和杭州的老销售员一起进行客户拜访，现场观摩和学习老销售员与客户沟通的技巧。

当时阿里巴巴的许多客户都属于理智型客户。针对这类客户，我们的绝招就是讲成功故事，利用成功客户的实践刺激潜在客户，尤其是同行业的客户。很多客户还是比较愿意分享的，愿意帮助其他客户一起成功，因此我们当时还开展了年度十大网商评选活动，评选愿意分享和交流的客户。

除此之外，我们还可以结合 FABE 销售法则介绍产品的特质、特性等基本信息，并讲述这些特征对应的优点以及能为客户带来的利益，再利用技术报告、现场演示等证据向客户证明产品的优势，再按步骤推进和逼单。关于 FABE 销售法则，在第五章中我会为大家具体讲解。

## 习惯型购买行为

习惯型购买行为是指客户在消费时会依赖自己以往的购买习惯，比如倾向于购买自己熟悉的品牌等。在购买之前，他们一般不会对信息和品牌进行深入收集与评估，购买或使用后也不喜欢对产品进行评价。

这类客户的典型特征就是惯性熟悉原则和有限决策，以减少决策的成本。对待这类客户，我们可以采用建议性诱导方法，利用合理的价格与优惠措施，比如赠送礼品、有奖销售等方式，吸引他们对产品进行试用，并加大宣传力度，加深客户对产品的印象。

在商场购物时，人们经常会遇到试吃、免费领取试用装等活动。这类活动就是为了帮助客户了解产品，让客户加深对产品的印象。对于有习惯型购买行为的客户而言，这种建议性诱导方式可以有效吸引他们的目光，使其逐步养成对该品牌和产品的依赖。

此外，由于该类型客户对产品和品牌都有一定的依赖，所以我们还可以提供更多更优质的服务或产品满足他们未被开发的需求。

## 经济型购买行为

此类客户最重要的特征就是注重产品价格，对价格十分敏感。在购买前，他们喜欢反复对产品价格进行比较和分析，以期找出性价比最高的一款产品。他们对品牌几乎没有忠诚度，性价比是决定他们是否购买的主要因素。

经济型购买行为的客户一般分为两种。一种人非常看重产品质量，但他们不喜欢对产品进行全面分析，只喜欢用价格高低对产品质量进行判断。在这类客户眼中，价格高就代表质量好，所以他们信奉“便宜没好货，好货不便宜”的理念，喜欢那些价格偏高的产品。另一种人的表现则截然相反，他们贪图便宜，更偏爱价格低廉的产品。

对于这两类客户，在销售时也可以采用建议性诱导的方式，建议客户购买大包装商品。因为大包装商品意味着量大、价低，非常适合经济型购买行为的客户。而且由于这类客户希望的是投入产出比最大化，所以在销售时不妨多强调商品的性价比，这也是推动成交的核心。

## 冲动型购买行为

冲动型购买行为也称无计划购买行为，这类客户的消费决定并不是提前计划好的，而是在出现刺激时突然做出决定，一时冲动就做出了购买行为。因此，他们在购物过程中也很容易受外界环境影响，自控力较差。在外界环境刺激下，他们的心态会起伏，也容易对产品的品质、功能、价格及售后服务等产生错误的认知。这种类型的客户的性格一般较为直率，这也是其做出冲动型购买行为的主要原因之一。

针对这类客户，可以采用转化性诱导的方式。在此之前，我们要寻找客户的不同心理账户，掌握让客户冲动消费的因素，比如商品因素、客户特征、经济因素、环境因素、促销因素等，然后通过锚定心理账户达成成交。对于此类客户，成交的秘籍就是完全把握他们的心理账户，再辅之以情感性诱导，成交概率将会大大提升。

## 疑虑型购买行为

疑虑型购买行为是指客户在消费过程中，由于担心上当受骗或失误而犹豫不决，迟迟不肯做出消费决定。这类客户往往比较谨慎，对产品、服务、销售人员等都保持较高的警惕性，从不会仓促地做出购买决定。产品质量不合格、销售人员不诚实、店铺资质有问题、售后服务不到位、家人不满意等，都可能成为让他们犹豫的因素。

对于这类客户，销售人员可运用证明性诱导配合情感诱导的销售方式，从各个方面打消客户的疑虑。与此同时，销售人员还要对售后服务做出清晰的承诺，确保客户明白自己的权益是有保障的，从而促进成交。

比如，销售人员可以向客户展示产品的使用方法和效果，用事实打消客户的疑虑，同时拿出服务凭证，用兜底的售后服务政策，如国家三包政策彻底消除客户心中的成交障碍，以促进成交。

客户购买决策是一种复杂的复合决策，会受多种外部因素的影响和制约，所以在销售过程中，销售人员一定要特别注意挖掘客户的真正需求和动机，这样才能做到知己知彼，百战百胜。

# 第四章
# 谈判攻略，快速说服

在销售过程中，谈判是必不可少的一个环节，其目的是促使客户朝着我们期望的方向做出改变，并最终实现双方利益的最大化。所以，一个优秀的销售人员往往也是一个谈判高手，懂得准确把握谈判时机和谈判方法，从而有效说服客户，推动交易的快速完成。

# 谈判力：销售高手的必修课

谈判无处不在，入职面试需要谈判，申请升职加薪需要谈判，同样，与客户谈成交也需要谈判。销售高手往往十分擅长“搞定”客户：别人约不到的客户，他们能约到；别人谈不成的订单，他们能顺利签下来……为什么他们的战果比别人显著呢？原因很简单，因为他们更懂得人性，知道如何在谈判过程中赢得客户的认可。

成功的销售，不仅仅是销售人员将自己的产品成功推销出去，还要使双方都感到有所收获，即所谓的双赢结局，这也是双方在谈判时最希望达到的。所以，谈判是很考验一个人的综合实力的，比如洞察力、沟通力、判断力等，我们将其统称为谈判力。谈判力是可以修炼出来的，在修炼过程中，我们要注意以下 5 个方面（见图 4–1）。

## 不要忽视谈判氛围

在谈判过程中，千万不要忽视氛围，良好的氛围有助于谈判双方更好地达成共识。为了营造良好的谈判氛围，我们在谈判之初最好先与客户谈一些双方比较容易达成一致的观点，拉近彼此的距离，为之后的谈判奠定基础。

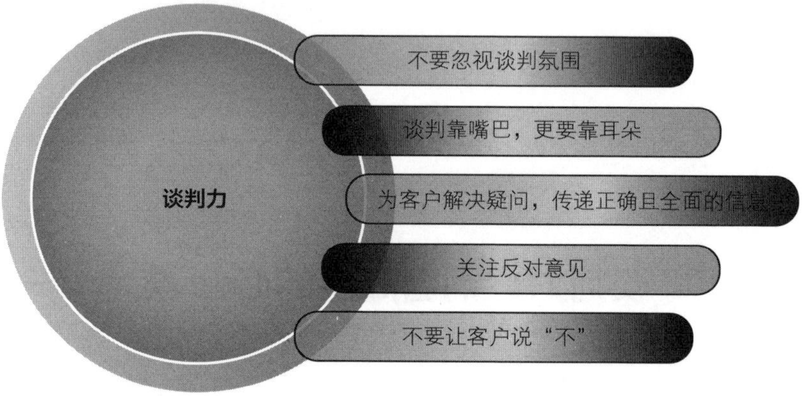


图 4-1　谈判力修炼

与此同时，销售人员还要关注客户的情绪，如果发现对方情绪不佳，我们就要通过适当的话语缓解他的情绪。这时，切忌硬碰硬，激化矛盾，使谈判陷入僵局。最好先弄清客户情绪的来由，然后再有针对性地为客户提供一些解决办法，并运用合理的肢体语言化解尴尬的氛围和情感冲突。

比如，当客户因为产品质量问题而发火，对你表现出强烈的不满情绪时，你千万不要试图解释，这只会使客户认为你在推卸责任。你首先要做的是安抚客户的情绪，并引导客户将不满意的地方讲清楚，你可以这样说：“对不起，女士，对于给您带来的不便我们深表歉意。请您不要着急，有问题我们一定会为您解决，您可以具体说一下到底哪里出了问题吗？”然后，你再有针对性地给出解决方案。

## 谈判靠嘴巴，更要靠耳朵

需要明确的是，在谈判过程中，主角是客户，而不是销售人员，所以销售人员要想尽一切办法分析并掌握客户的需求，这样才能弄清对方的底线，进而找到推进成交的方向。而了解客户需求最简单有效的方法，就是尽可能多地让客户表达自己的意见。

很多销售人员在谈判时总是滔滔不绝，不给客户提意见的机会，试图通过这种方式向客户灌输自己的理念，但忽略了自己表达的是不是客户想要听的内容。如果我们不能准确掌握客户的需求，那么表达得越多，就越容易引发客户的排斥心理。要知道，谈判不是你说话的时间越长，就越占优势。真正的销售高手总是懂得如何在有限的时间内引导客户将自己的想法表达出来，然后从客户的话语中发掘客户的真正需求，再采用曲线进攻的方法，将对方的思维引向自己的思维。

那么，怎样才能让客户多表达呢？我们可以借助下面三个方法。

（1）提问法。适当提问可以引导客户说出更多的想法，特别是在面对一些不太愿意主动表达的客户时，提问是引导其敞开心扉最有效的方法。如果提问方法得当，客户很容易根据我们的问题发表一些看法，这将有利于我们掌握客户的真实需求。

（2）信息核实法。在谈判过程中，我们要学会对客户表达的信息进行记录和筛选，挑选对本次交易有用的信息，并以恰当的方式向客户确认信息的准确性，以免误解客户的意愿。

（3）及时回应法。沟通是双向的，当客户提出问题或表达想法时，我们一定要及时回应，比如微笑、点头，或用“好”“对”等简单词语回应，激发客户继续交谈的兴趣，同时也向客户传递“我在认真听取你的意见”的信息，鼓励客户发表更多的看法。

## 为客户解决疑问，传递正确且全面的信息

客户关注的往往不是产品本身，而是产品能为其带来的价值，所以在谈判中，我们应针对客户的需求，为客户详细介绍产品能为客户带来的价值。这就要求我们对自己的产品有足够的了解，不仅要熟悉产品的用途和使用方法，还要懂得自己的产品和竞争对手相比有哪些优势，然后用清晰、简洁的语言将这些信息准确地传递给客户。

## 关注反对意见

谈判的关键在于消弭客户与我们的分歧，所以我们要找到与客户的分歧，之后努力达成一致。分歧可能体现在多个方面，比如对产品的不同看法、对风险的不同承受能力、对价格的接受能力等。总之，当发现客户与我们意见相左时，不要急于纠正客户，而应先尽量缓和客户的情绪，避免争论，然后明确客户为什么会有那种想法，再找出双方的交集，给出有针对性的解决方案。

## 不要让客户说“不”

销售人员通常最怕客户说：“再等等，我现在没时间，这个项目要往后推迟一下……”销售人员会认为客户是在表达拒绝。

事实上，有时客户说“不”只是一种下意识反应，并不一定是真实想法。就像我们平时去专卖店买衣服，一进店，营业员就会走过来，热情洋溢地问：“您好，请问有什么能帮您的吗？我们这里有今年春季的最新款式，您可以直接试穿……”但这时我们通常会顺口答道：“不，我只是看看……”

有时客户也是这样，他们自己可能也不清楚为什么会说“不”。从

脑科学的角度来看，很多时候，我们的行为并不完全受大脑控制。另外，客户对选购哪种商品、为什么要选购等，还有很大的不确定性，因此也经常不由自主地说“不”。那么问题来了，如何让客户不说“不”呢？

首先，不要向客户提他可能说“不”的问题，而是提他可能说“是”的问题，尤其是不要提一些模棱两可的问题。比如：

“×总，您觉得我提的这个方案怎么样？”销售人员问。

“我看了一下，没什么感觉。”客户随口回答。

这是一个非常典型的对话场景，但不是合适的提问方法。我们换个问法：

“×总，这是上次和您聊完后，按照您的要求和贵公司的实际情况，为您量身定制的方案。”

“小伙子，不错啊，很用心！”客户笑着回答。

同样的一件事，不同的表达方式会让客户给出不同的答案。

其次，不要给客户太多的选择，尽量设置二选一的问题：一方面，客户做出抉择需要时间，问题太多容易使谈判停顿，无法控制谈判进度；另一方面，从客户的角度来看，你既然能提出三个方案，是不是还有第四个、第五个方案呢？这就容易增加客户的疑虑。

请看下面的案例：

邀约时刻："经理，您看，我们都谈完了，要不明天和后天，我们约老板一起谈一下？"

逼单时刻："老板，您看，我们给您介绍的外贸推广方案的基本情况已经很清楚了，您看是对公转账还是支付宝付款？"

"老板，您看，我们根据贵公司的情况，分别做了一个12万元、16万元和18万元的方案。从投资回报的角度来看，16万元和18万元，您选哪一个？"

"苗苗妈妈，您看苗苗的英语补习班快结束了，我们现在有9 600元/48节课和12 800元/80节课两个产品。我建议您选择12 800元的课程，单价低，孩子学习的时间也长。"

谈判不仅考验智商，还考验情商。在这个过程中，我们一定要时刻保持警惕，避免出错，有时一句看似无心的错话就可能让之前的努力功亏一篑。这也要求我们在与客户谈判之前，就要明确一些谈判中不可涉及的禁区，比如哪些话题比较危险、哪些行为不能出现等。同时，还要尽量避免以下三种说话误区（见图4–2）。

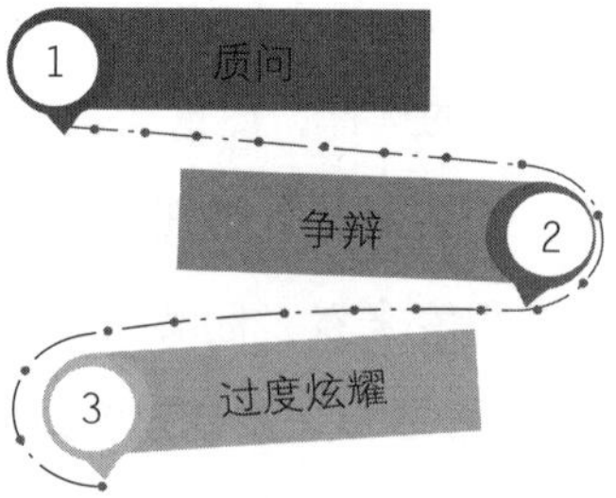


图4–2　销售谈判三大说话误区

（1）质问。质问其实就是一种指责，没人喜欢被指责，即使客户的某些观点不合理，我们也要给予充分的理解和尊重，而不能以质问的方式和客户交谈。比如下面这些话语就要尽量避免。

“你有什么根据说我们的服务不靠谱？”

“你为什么会对我们的品牌有这么大成见？”

“你凭什么说销售人员都是骗子？”

……

这些质问都是非常不礼貌的，也很容易使客户的情感和自尊心受伤，它们是销售人员在谈判过程中的大忌。

（2）争辩。作为销售人员，我们一定要允许客户对我们的产品或服务提出质疑，因为客户有质疑的权利。当客户表达不同意见时，我们不能为了证明自己正确而急于和客户争辩，这对于谈判没有任何益处。即使我们占了上风，也可能会因此失去这位客户。谈判的最终目的并不是在口头上战胜客户，而是实现成交，所以我们要学会正确处理客户的反对意见，用温和的方式耐心地向客户解释，避免争辩。

（3）过度炫耀。为了给客户留下一个好印象，许多销售在谈判过程中喜欢对自己或自己的产品进行美化，以炫耀的姿态向客户介绍自己的职位、业绩以及产品的优点等，甚至贬低对手。这很容易让客户觉得你在自吹自擂，让客户觉得你的交易目的过于明显，从而产生反感心理。因此在介绍产品或服务的优势时，要尽量客观，不要过度炫耀。

总之，销售永远离不开谈判，谈判力对于成交有非常重要的影响。优秀的谈判人员懂得巧妙设置“圈套”，让客户心甘情愿地“钻”

进来。但同时也要注意，谈判桌上讲究的不是争强好胜、夸张炫耀，有许多话都是不能说的。这就要求销售人员在与客户谈判前一定要认真考虑什么该说、什么不该说，千万不要图一时痛快，说出不该说的话，影响谈判的效果。

# 谈判原则：进退有道，让步有度

销售人员与客户的谈判过程其实就是一场心理博弈。很多时候，为了快速成交，销售人员可以适当让步。不过，这种让步一定要有前提，切不可无原则地让步。谈判的最终目的是实现双赢，而不是一方反复退步、妥协。只有做到进退有道，让步有度，双方才能达成双赢的交易。

那么，怎样让步才能在保障自身利益的前提下，赢得客户的认同，推动交易顺利进行呢？这就需要我们在让步前必须明确让步能为彼此带来哪些利益，客户愿意拿什么条件进行交换，让步的底线是什么。

具体来说，让步的方法如图 4–3 所示。

## 避免过早让步

过早让步就相当于将我们急于求成的心态和底线过早地暴露在客户面前，很容易让我们在接下来的谈判中失去优势，陷入被动。在日常消费中，我们经常会遇到这种情况。

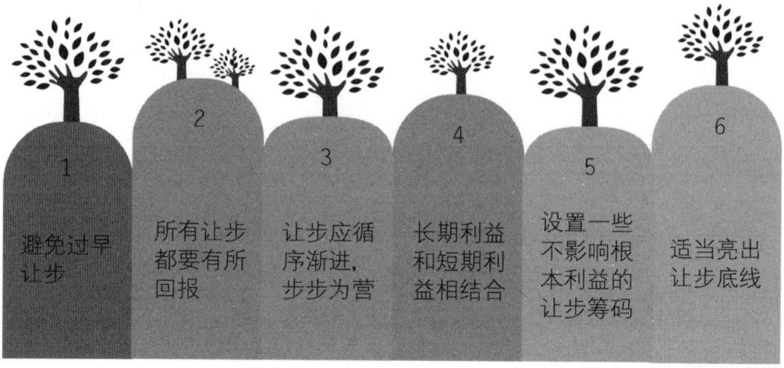


图 4-3　让步的六大技巧

客户："这件裙子多少钱？"

销售人员："300 元。"

客户："有优惠吗？"

销售人员："这样，您要诚心要的话，我给您打 8 折，240 元您拿走，怎么样？"

越是容易得到的东西，人们越是不珍惜，这一点应用到销售上同样成立。客户只是简单询价，还没表现出购买意愿，销售人员就直接让步，这反而会降低产品在客户心中的价值，甚至让客户直接对产品或服务产生怀疑："如果产品没问题，他怎么这么痛快就让步？"过早让步这种急功近利的做法，很容易适得其反。

因此，当客户对产品或服务提出疑问，并因此请求让步时，我们不要过早满足客户，可以适当解释一下，比如告诉客户："这件裙子是当季的新款，质量有保证，不褪色，不缩水，版型特别好，这个价格已经很实惠了。您可以先试试，看看效果。"这样不仅避免过早让步，还能让产品获得更全面的展示机会，引发客户的购买欲望。客户的购买欲望越强烈，我们就越容易掌控谈判的主动权，也越容易把握让步的幅度。

## 所有让步都要有所回报

让步一定要建立在交换的基础上，毫无原则的退让不但不会感动客户，反而可能会让客户提出更多要求，使谈判陷入僵局。

真正有效的谈判应该是双方相互妥协的结果，而不是一方一直让步。在谈判时，每次让步都应该适当向客户提出一些要求。也就是说，在我们能承受的范围内，可以适当答应客户的一些条件，但这种让步一定要有前提，客户必须满足我们的条件，我们才能让步。

比如，当客户要求我们就产品价格做出适当调整，同时适当延长售后服务时间时，即使价格调整和售后服务时间的延长范围我们能接受，也不能马上答应，否则客户会认为我们的报价缺乏诚意。

举个简单的例子，我们去买衣服，衣服原价300元，我们问："200元可以吗？"结果销售人员爽快地答应了，这时我们就会怀疑："200元是不是也多了？不然他怎么这么痛快就同意了？"

所以，为了表现出让步的艰难，同时也为了让自己的利益最大化，我们可以适当向客户提一些要求，比如要求客户提升订单量，订单量达到多少才能享受客户要求的价格和优惠。

合作本身就是一件互利互惠的事，我们要做的是让客户感受到我们让步的诚意，而适当地提出一些要求反而更有利于推动交易的进行。

## 让步应循序渐进，步步为营

如果让步无法避免，我们要做的是谨慎把握让步的幅度。让步应该是一个循序渐进的过程，不能为了省事而一步到位。很多时候，客户在和我们谈判时，享受的不仅是谈判带来的直接利益，还有取得谈判胜利的满足感。

所以，在谈判前，我们应该将让步条件合理细分，每次适时让步一些，并且让步幅度要逐渐缩小，给客户营造一种让步的艰难感，让客户感觉我们的每次退让都非常不易。成交前客户经历的挫折越多，其获得的满足感就越大；相反，一步到位式的让步反而容易使客户怀疑你让步的诚心。

## 长期利益和短期利益相结合

在一定程度上来说，谈判就是销售人员与客户对自身利益的相互争取并最终达成统一的过程。在这个过程中，除了眼前直接利益的分配，我们还要让客户看到我们能够为他们提供的远期利益。这些利益可能是无形的，很难被客户直接感知，此时就需要我们适当引导。特别是当眼前利益已经很难再做出让步时，我们更要学会引导客户认识到交易能为其创造的长期价值。

阿里巴巴中供地推团队早期在售卖6万元的产品时，就曾遇到了很大的困难，产品价格常常被人质疑，客户经常表示："你们的方案看上去还不错，但为什么这么贵呢？6万元，我再加6万元，都能买一台汽车了。"如果此时与客户纠缠这6万元的价值，谈判就可能陷入僵局。因为利益的问题必须通过投入和产出才能看到，短期内是很难看到的。所以纠缠这个价格就像是在解一个无解的方程式。

在这种情况下，我们是这样跟客户谈判的：

“老板，您要这么想，如果您去一趟广交会或摊位会，那么要花费的布展费、酒店费、交通费、餐饮费等，大约要多少钱？”

“3 万元吧。”

“是啊，那您再想想，广交会每年春秋两季举行，是不是一年就要花费 6 万元？”

“是，一年就是 6 万元。”

“而您在我们这里花 6 万元，就等于参加了一个 365 天都不落幕的广交会，这是不是比您直接参加广交会划算？”

365 天不落幕的广交会，这几乎是打遍天下无敌手的说辞了，而其成功的关键就在于让客户看到了产品能为其创造的长期价值。

## 设置一些不影响根本利益的让步筹码

在谈判中，能拿来让步的筹码有很多，如价格、售后服务等，而真正的销售高手往往会将手上的各种资源转换为可以帮助自己实现利益最大化的筹码，然后在不影响根本利益的前提下对客户做出让步，让客户心情愉悦地买单。

我们仍以早期的中国供应商销售团队为案例，当时即使我们抛出“365 天不落幕的广交会”这个撒手锏，客户仍然想获得更多的资源和便利。于是，我们就在淡季抛出一些阶段性的促销活动，比如让客户参加一年一度的客户答谢会，或参加由阿里巴巴组织的海外买家采购见面会、外贸人员招聘会等，甚至向一些客户赠送一两个月的展示时间。通过这些附加和增值服务协助客户尽快做出购买决策，让客户有一种“买就送”的感受，使客户尽快成交。这些正是我们能为客户提供的额外利益，在销售过程中，这些都可以作为销售人员让步的筹码。

只要能让客户在交易中获得更多的额外利益，让客户感到满意，客户往往不会在意形式。因此，在谈判过程中，我们可以考虑针对一些特定客户，在不影响自己根本利益的前提下，设置一些特别的让步筹码。这些筹码不仅能让客户获得满足感，还能在适当的时候起到润滑剂的作用，营造良好的谈判氛围。

需要注意的是，这些额外赠送给客户的筹码一定是能够实现的，千万别给客户开空头支票。一些销售人员为了追求快速成交，不考虑实际情况，忽略自身履约的成本或资源情况，导致承诺无法兑现，结果影响了客户体验，导致客户流失。

## 适当亮出让步底线

让步是有原则和底线的，对涉及企业品牌、管理制度、价值观等方面的条件，是不能有半点儿让步的。在必要时，我们可以含蓄地向客户亮出我们的底线，让客户知道这些条件是合作的基础，是不能让步的。当然，在传达这些信息时一定要选好时机，并且要以一种客户容易接受的方式表达出来。

总之，在谈判过程中适当、适时且巧妙地对客户做出让步，是每一个销售人员必须掌握的本领。销售谈判是一项带有技巧性的工作，也是与客户建立信任关系的重要环节，只有找到自身与客户之间的利益平衡点，才能准确把握让步程度，让成交变得更加自然。

# 销售说服路径：中心路径与边缘路径

有交易的地方就有说服，销售谈判最重要的目的就是说服客户，让客户的态度朝着我们期望的方向转变，并通过各种方式引导客户的思维与我们的思维达成一致，推动交易完成。

在销售说服过程中，销售路径的选择对于说服结果有着决定性影响。20 世纪末，社会心理学家理查德·派蒂和约翰·卡乔鲍提出了详尽可能性模型（ELM 模型），它是当前最受大众信服的说服理论之一。根据 ELM 模型，我们可以将说服路径分为中心路径和边缘路径两种（见图 4–4）。

图 4–4　销售说服路径

## 中心路径

中心路径是指人们通常会对说服性的意见进行深刻思考，并结合自身掌握的信息和以往的经验对意见进行分析，从而决定是否听从。这时，如果你的论据充分、缜密，就容易赢得别人的认可，最终实现说服的目的。相反，如果你的理论缺乏相关证据的支撑，论据苍白无力，那么很容易就会被人们反驳。

> 比如，我们在向客户推销某件产品时，会对产品的性能和技术进行详细介绍，同时还会对产品的作用、使用效果等进行现场展示，并拿出质量检测报告、售后服务承诺书等具体证据来说服客户，这就是运用中心路径（论点、论据）进行产品推销。

中心路径能否成功，最关键的地方在于能否进一步引导客户进行积极思考。如果你的说服能激发客户的购买欲，就有可能说服客户；反之，则有一定难度。

中心路径主要针对那些理智型购买决策者，因为这类客户会更多地关注商品的功能以及这些功能可能带来的价值。从更高的层次来讲，客户其实关注的是投入产出比，客户想要钱花得值，能带来回报，不能成为沉没成本。这就是客户在做购买决策时典型的损失厌恶心理。他们会想，钱已经花了，效果怎么样？这时你就要抛出其他客户的成功故事，帮助客户尽快决策。

## 边缘路径

边缘路径是指在有些时候，人们对于说服者提供的论据是否充分并不十分关注，反而更容易依托感性思维，对于那些处于情境中的表面线索做出相应反应。因为人不可能一直保持理性，对所有问题进行分析求证，这时一些通俗易懂的表述往往更能影响他们的决定。

比如，我们经常会在地铁内、公交站、商场等公共场所看到一些滚动广告。这些广告抢占了人们的碎片化时间，利用某些特定情境向人们传输某些观念。

再如，打开抖音 App，人们常常会在开屏广告中看到一些企业的个性化推广广告。有时，我们会忍不住点击了解，或者在看到一些非常有趣的视频时也会模仿。

还有，当我们去购物网站搜索某件商品时，也很容易被搜索页面出现的商品展示图吸引，进而点击浏览详情……

通过图片、视频等方式吸引客户是非常典型的边缘路径说服方式。

在实际销售过程中，无论是采用中心路径还是边缘路径，其最终目的都是改变客户的行为，促使其最终做出购买决定。两者相比（见表 4–1），中心路径的说服方式通常更容易促使人们形成理性认知，而且这种影响也更为深刻、有效、持久。边缘路径通常更注重对人们的情绪、感官等产生影响，将态度目标和情绪返利相关联，使人们形成感性评价，但这种影响通常比较短暂。

表 4–1　销售说服的中心路径和边缘路径分解

| 路径 | 听众 | 加工过程 | 说服过程 |
| --- | --- | --- | --- |
| 中心路径 | 分解并具有某种特定动机 | 高质量的分析水平，观点清晰 | 令人信服的观点、证据让客户赞同 |
| 边缘路径 | 很少分解或关注 | 低水平的加工过程，更依靠经验法则 | 外部线索引发的好感，但通常只是暂时性的 |

说服路径的选择往往取决于产品的性质、客户类型，比如产品是需要应用到生产线上的高科技电子设备，这时我们面对的消费者通常都比较理性，他们更愿意花时间了解产品的性能、参数、生产效率等具体信息，而不在乎产品的外观是否时尚、是否有明星代言等。对于这类产品，采用中心路径往往更容易达到理想效果。如皮包、饰品、口红、手表等时尚用品，则更适合采用明星代言等边缘路径。

当然，我们也可以将两种路径结合使用，双管齐下：一方面通过一些令人信服的观点、缜密的论据吸引客户；另一方面采用边缘路径，通过一些外部线索吸引客户的注意力，赢得客户的好感，从而让客户做出成交决定。

## 有效说服客户的六大攻心术

让客户接受并认可我们的想法并不是一件容易的事，心理学家罗伯特·西奥迪尼在《影响力》一书中，首次提出构成人类相互关系和影响力基础的六大原则（见表 4–2），以此为根据，我们可以归纳总结出有效说服客户的六大攻心术。

表 4–2　构成人类相互关系和影响力基础的六大原则

| 原则 | 应用 |
| --- | --- |
| 权威性：人类会听从可信的专家 | 确立你的专业性，指出你服务过且已解决的问题 |
| 喜好：人们对所好之物更加肯定 | 赢得朋友并影响他人，在相似的兴趣上建立关联，自如地表扬 |
| 社会证明：人们利用他人的例子来确认思考、感受和行动的方式 | 利用“同事力量”，让德高望重之人指引方向 |
| 互惠性：人们感受到有义务知恩图报 | 慷慨地给予你的时间和资源，善有善报 |
| 一致性：人们倾向于遵守公开的承诺 | 把他人的意图或想法说出来、写下来，并通过提问引发肯定的回答 |
| 稀缺性：人们珍惜稀缺的事物 | 真诚地强调信息或机会的唯一性 |

## 制造权威性

人们往往更容易信服业内专家的话，这就是权威的力量。因此，为了更好地说服客户，销售人员就要不断确立自身或产品的专业性，比如向客户展示品牌背书、品牌影响力，以及自身的工作经验等，以此赢得客户的信任。

举个简单的例子，安德玛是美国的一家高端运动品牌，该品牌成立于1996年，由橄榄球明星凯文·普朗克创办。安德玛之所以能成功走入大众视线并被人们认可，正是源于创始人的专业性。运动员的经历让凯文·普朗克深知护具下棉质T恤被汗水浸湿的痛苦感觉，为了解决这个难题，凯文·普朗克发明了一种材料，这种材料可以让运动员在剧烈运动中依然保持身体的清爽和轻盈。这也使得安德玛成为运动员争相追捧的专业运动品牌，许多顶尖运动员都对其青睐有加。而很多大众消费者之所以选择安德玛，就是冲着其专业慕名购买的，因为一旦穿上安德玛，就意味着自己在装备上已经非常专业。

## 投其所好

心理学研究表明，相似性和适度的赞美是增加彼此好感最重要的因素。销售人员与客户年龄、习惯等方面的相似度越高，签单成功率越高。因此在说服客户之前，我们应做好准备工作，了解客户的兴趣爱好、购买偏好等，借助一些相似的兴趣和客户建立情感联结，赢得客户的好感，为成功说服客户打下基础。

同时，还可对客户进行适度赞美，为客户营造一个愉悦的购物氛围。如果客户心情愉悦，就更愿意接受别人的意见。要知道，客户在意的不仅仅是交易和产品，还包括能否拥有愉悦的购物体验。

## 利用社会证明

大多人都具有从众心理，所以在销售过程中，我们可以向客户展示我们所服务过的行业内较为知名的企业，以及帮助这些企业取得的成绩等，也可以向客户展示其他客户给予产品的一些好评，以此消除客户疑虑，增加客户的信任感。

## 互利互惠

在销售过程中，客户通常认为你的目的就是卖产品，完成销售业绩，拿到提成。坦白说，这确实是我们的最终目的。但在这个过程中，我们必须抱着与客户互惠互利的原则，要为了双方的利益建立沟通。

因此，双方的利益才是沟通的关键。双方既有共同利益，也有互相冲突的利益。销售高手往往善于在第一时间抛出共同利益，与客户形成利益共同体，而不会将客户当成对立者、敌人。双方是为了共同利益才坐下来谈判的，目的是尽快促成友好的合作。

那么，双方要如何界定利益呢？

一般来说，利益分为两类，即谈判者本人的利益和公司的利益。优秀的销售人员不仅关注客户所在公司的利益，更关注谈判者本人的利益，因为谈判者本人的利益可能是他在公司展示自己价值的一次机会。为此，我们一定要让客户看到自身的利益。另外，大部分人会知恩图报，当你真心为客户利益考虑，全心全意为客户提供服务时，客户也会被你的真心打动，愿意成全你。所以在和客户交流时，我们千万别吝惜自己的时间和资源，能为客户创造利益，客户才会给予我们更大的回报。

## 一致性

对于公开的承诺，人们往往更愿意遵守，所以，我们在了解了客户的意愿或想法后，不妨将这些意愿或想法通过一定的话术表述出来，引导客户向自己期望的方面思考，并争取引发客户肯定的回答。比如：

> “好的，王经理，通过刚才的交流，我发现您的企业近期确实有线上店铺的推广计划，但您比较担心的是引流的客户的精准性问题。如果我们能够保证客户的进店转化率达到 70% 以上，您就愿意和我们合作，对吧？”
>
> “好的，王经理，现在我已经基本了解了您的要求。您对我们的产品还是比较满意的，就是在价格上还有些疑虑。如果我们能在价格上降低两个点，咱们就可以直接签约了，对吧？”

客户总是容易接受与自己一致的看法和态度，与此同时，也会马上与自己看法和态度不一致的人进行争论，这是正常反应。尤其当你觉察到客户对某件事或某个方案有不同看法甚至抵触情绪时，千万不要让客户直接将想法说出来。因为一旦说出来，他就会不断通过语言和行为强化自己的观点，如果你反驳这个观点，很容易导致谈判关系破裂。因此，我向大家推荐一个隐秘说服的诀窍，即当你赞同对方的观点并控制谈话的内容时，客户的抵触情绪就会消失得无影无踪。

## 制造稀缺性

俗话说，物以稀为贵。人们对于稀缺的东西总是会倍加珍惜，“全球首发”“限量版”等字眼也更容易激发人们的抢购欲望。在销售过程中，不断强调产品的稀缺性，就会令客户感觉不下手就买不到了，这对于让客户尽快做出购买决策大有帮助。比如，一些团购网站经常会显示产品剩余的数量，如果我们看到产品只剩下几个了，就会出现紧迫感，会马上下单。

因此，在说服过程中，我们可以这样和客户说：“这次优惠力度前所未有，而且只限10个名额。”或者说：“这项‘十一’特别服务是我司为庆祝国庆推出的专项业务，假期结束后就结束了。”这些话语都能在一定程度上促使客户尽快做出购买决定。

总而言之，在销售说服过程中，我们不仅要掌握话术技巧，还要掌握一些心理学知识，将心理学知识有效地融入说服工作，从而与客户达成一致，成功说服客户。

# 说服的最高境界是打动客户内心

很多人应该看过《安家》这部电视剧，其中的女主人公房似锦是一名金牌房产销售人员。不管什么样的房子，到她手里都能成功卖出去。其实她的秘诀非常简单，就是能设身处地地为客户考虑，从客户内心深处的真实需求出发，然后为客户寻找并推荐能满足其要求的房子。只要能够打动客户的内心，成交自然水到渠成。

销售说服的最高境界就是打动客户的内心，只有真心实意地为客户着想，从客户的真实需求出发，才能获得客户发自内心的认可。没有人能拒绝一个真心对他好的人，在销售说服过程中，同理心往往比任何话术和技巧都有效。一般来说，我们可以从以下 5 个方面入手打动客户（见图 4–5）。

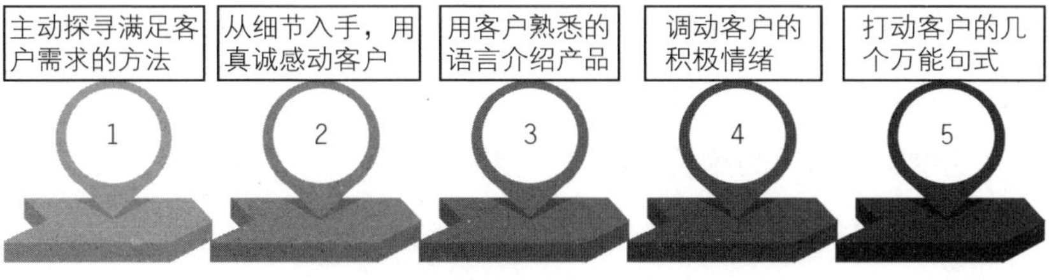


图 4–5　打动客户内心的 5 个方法

## 主动探寻满足客户需求的方法

客户购买产品的目的，是希望产品能带来某种价值和便利。因此，想成功说服客户购买，我们就要学会探寻客户内心真正的需求，然后针对客户需求给出相应的解决方法。

2003 年 5 月，阿里巴巴集团在刚刚推出淘宝网上交易的时候，虽然此前亿贝已进入中国市场，但对于广大中国消费者而言，还是不习惯在网上买东西。人们担心网上商品的质量，付钱后，对方可能不发货。在实体店购物，不但能看到实物，还能直接挑选，即使出现质量问题，也不会担心找不到卖家。

基于这些问题，支付宝应运而生，彻底打消了消费者关于资金安全的顾虑，让消费者购物无忧。而“七天无理由”退货、购买退货险等措施，又解决了客户对产品不满意的问题。如果对产品不满意，客户可以直接在淘宝后台填写回邮信息，然后要求快递上门取件，非常方便。这样，消费者就彻底放下了之前的各种心理包袱，购物无忧了。

## 从细节入手，用真诚感动客户

细节决定成败，最能打动客户的往往不是产品多么高大上，而是一些不起眼的小细节。海底捞的服务之所以知名，就是因为它在细节把控上非常到位，甚至细致到会为长头发女士提供发卡，为戴眼镜的顾客提供眼镜布，为等位子的客户擦鞋、美甲……正是将细节做到极致，海底捞才吸引了一批又一批客户前往体验。

在销售过程中，要想说服客户，取得客户的信任，我们同样可以从细节入手，在一些细节方面为客户提供深度服务。

有一次，我去商场购买笔记本电脑，当时的一位销售人员就给我留下很深刻的印象。他在介绍完产品后递给我一张名片，并且告诉我，如果在使用过程中出现任何问题，都可以直接和他联系，他一定会用最短的时间为我解决。在我付完款后，他还赠送给我一张键盘膜和一把小刷子，并告诉我，笔记本键盘沾上灰尘后不容易清理，可以用键盘膜进行保护，在清理键盘时可以用这个小刷子。

像键盘进灰尘这种小问题，很多客户在购买产品时都可能会忽略，但当其真正发生时，往往又会让客户感到很烦恼。这名销售人员就是从这个小细节入手，不仅提前告知客户可能遇到的问题，还给出了相应的解决方案。这种真诚细心的态度也让我很感动，所以对于我来说，那是一次愉快的购物体验。

## 用客户熟悉的语言介绍产品

很多销售人员为了显示自己的专业性和产品的“高大上”，在介绍产品时往往喜欢用一些专业术语，让人听起来云里雾里。但是，这样做很少能成功说服客户，原因很简单，客户根本听不懂你在说什么，自然也不会被打动，更不会贸然下单。

因此，在向客户介绍产品时，我建议大家要有一种“小白思维”，就是把客户当成“产品小白”，对产品毫不了解，需要我们用最简单、最能被客户熟悉和理解的话语向其进行介绍。

## 调动客户的积极情绪

哈佛大学曾对消费者的购买行为进行了分析，结果表明：消费者在做购买决策时，有高达 84% 的购买决策都是根据情感做出的，只有 16% 的购买决策是根据逻辑和理智做出的。由此可见，销售人员应该充分利用客户的情绪实现成交。

人本来就是一种情感复杂的生物，情绪对一个人所做的各种决定也有着非常重要的影响。渴望被崇拜、被重视，获得更高的荣誉和地位，这些都是人的本能。所以在与客户沟通时，我们可以通过满足客户的情感需求促进成交。

举个简单的例子。某地有一家规模较大的服装加工厂，因为业务需要，工厂想采购一批全新的产品加工设备。消息一出，许多设备生产商厂家销售人员便纷纷以各种方式联系该厂负责采购的李经理，向其介绍自家产品的优势，但该厂却始终没有和任何一家厂商的销售人员签订协议，这让各厂的销售人员都很困惑。

后来，其中的一家设备生产商的销售人员改变了战术。他再次联系李经理，向其表示他的公司最近生产了一批新型产品加工设备，产品刚上市不久，目前整体反馈还可以，但他的公司还想对设备进行改良，他听说李经理是这方面的专家，所以希望李经理能为他们提供一些建议。结果，李经理不仅非常高兴地检查并指导他的公司对这批新型设备进行了改进，还主动和他签订了加工设备购买合同。

在整个销售过程中，这位销售人员一直没说任何让客户购买的话，只是邀请客户进行技术指导，结果却让客户主动提出合作意愿。

这个案例告诉我们，只要成功调动客户的积极情绪，让客户感觉自己被重视，客户的心理防线也很容易被突破，签单也就不再困难了。

## 打动客户的几个万能句式

说服需要技巧，要让客户心甘情愿地接受我们的产品或服务，销售人员就要懂得如何讲话才更容易打动客户，赢得客户的好感。通常来说，充满真诚、善意、热情、礼貌的话语更容易触动客户，下面就为大家推荐几个容易打动客户的万能句式。

> "您好，我可以为您提供哪些帮助？"
>
> "没问题，我们一定想办法满足您的需求。"
>
> "您不用担心，我们一定会给您一个满意的答复。"
>
> "非常荣幸能够为您服务。"
>
> "真心感谢您愿意信任我们。"

销售最大的敌人不是竞争对手，也不是产品的局限性或价格的劣势，而是你缺乏一颗真诚为客户服务的心。当销售工作陷入困境时，你应尝试改变思维方式，将自己切换到客户的立场，设身处地地站在客户的角度思考问题，也许困难就能迎刃而解。

# 第五章
# 简单快捷的成交法则

成交法则是一种典型的销售手段，可以帮助销售人员将产品的价值更加清晰地传递给客户，便于客户理解和接受，从而加快成交的速度。与此同时，销售人员一旦掌握了成交法则，就会减少失误，提高签单成功率。因此，销售人员掌握简单快捷的成交法则，对于快速成交是非常有帮助的。

## 最佳逼单说辞：简单快捷的 3F 成交法则

在销售过程中，由于对产品或服务的认知不全面，或对销售人员缺乏信任，很多客户都会有疑虑，因而也迟迟不肯做出购买决策。比如：

“王经理，相信您对我们的服务已经有了基本了解，我们现在的活动非常优惠，错过了比较可惜，您看咱们是不是商量一下具体合作事宜？”

“对你们的产品我大概已经了解了，而且你们的品牌知名度也确实比较让人信服，但我觉得价格还是有些高。不瞒你说，之前已经有好多家企业和我们谈过合作，它们虽然不如你的公司名气大，但价格低很多，所以我还要再考虑一下。”

类似这样的销售场景不胜枚举，每次到逼单环节，客户就会以各种理由提出质疑。实际上，客户产生疑虑是一种正常现象，我们千万不要抱怨。此时，你的一个小举动、一句无心的话都可能导致客户退步，令之前的一切努力付之东流。

那么，面对这种情况，我们该怎么做呢？我向大家推荐一个非常简单的逼单说辞——3F成交法。

3F即Feel（感受）、Felt（觉得）以及Found（发觉）（见图5-1）。这种成交法则的原理，就是指销售人员在初次与客户交流时，如果客户提出某种质疑，或者直接表达某种不满，并因此而拒绝下单，我们应该先对客户的感受表示理解，然后再用自己或其他客户的真实案例说服客户。

图5-1　3F成交法

## Feel（感受）

Feel的意思是“感受”，所以我们要先理解客户当下的感受。我们可以这样告诉客户：“我很明白您现在的感受，这很正常。”或者说：“如果我是您，我也会有这样的感觉。”也就是用同理心和共情拉近与客户的距离，消除客户的抗拒心。

比如，在上面的案例中，当听完客户的回答，我们就可以这样回答：“王经理，我非常理解您的感受。”

## Felt（觉得）

Felt 的意思是“觉得”“认为”，也就是给客户再举一些成功案例，以此阐述其他客户之前与客户有相同的认知和感受，或者就此表示我们也与客户有相同的感觉和看法，以此拉近与客户的距离。

> 再回到上面的例子，表示理解客户的感受之后，接下来我们就可以这样说：“我的很多客户在刚开始听到我们的报价时也跟您的反应一样，觉得我们的价格有些高。××集团的李总最开始也是在费用上纠结了一段时间……”

## Found（发觉）

Found 的意思就是“发现”“发觉”，也就是告诉客户，其他客户在思考、比较一番，或者试用产品一段时间后，还是选择了我们的产品，或者在试用一段时间后给了我们非常高的评价。

> 回到前面的案例，当用其他客户举例后，我们可以接着说：“不过，在他们和我们合作后，都发现这个钱花得真的很值，因为我们服务的效果确实比其他企业好很多。李总昨天还跟我进行了沟通，表示服务到期后会和我们续约。他之前合作的企业虽然报价较低，但看不到特别明显的效果，而我们的服务目前最让他满意。”

简单来说，3F 成交法就是对比客户和其他客户的感受，应用同理心原理，站在客户的角度思考问题，然后因势利导地取得客户的信任，促进成交。从本质上来讲，3F 成交法就是巧妙应用了心理学中的从众心理，打消客户的疑虑，让其下单。

比如："蔡总，我很理解您的顾虑，并且非常明白您的担心。我的很多客户开始都对我们的推广效果缺乏信心，但在他们体验之后，都对我们的推广表示了认可，无论是为他们带来的客流量，还是客户的精准度，都非常让人满意。所以，我建议您先签一个短期合同，体验一下。您觉得可以吗？"

这一法则比较适用于易耗或价值并不太高的产品，特别是对于那些本身体验过产品且体验效果良好的客户，成功概率会比较高。

中国供应商在早期推广和销售阶段，整个销售团队遇到的最大问题就是阿里巴巴公司在客户心中缺乏一定的知名度，并且这些客户对网络推广效果都心存顾虑。这个困境直至阿里巴巴（中国）网络技术有限公司于 2007 年底在香港上市，获得了资本市场和广大投资者的认可后，才有所缓解。

然而在实际销售过程中，尤其是与竞争对手，比如环球资源进行竞争时，一方面，阿里巴巴的报价通常低于环球资源；另一方面，环球资源在获取头部客户的能力和知名度方面都远远强于阿里巴巴。因此，后来在与客户沟通时，我们采取了非常有针对性的销售说辞，而 3F 成交法就是一个常用且实用的技巧。通过认可客户的部分判断，比如知名度的差异，与客户实现共情。同时，我们又强调性价比。这也是客户在做购买决策时最关注的地方，再通过其他客户的成功案例影响客户的判断，最终成交。

在早期，成功故事的运用起到了非常重要的作用，杭州总部为此还专门成立了销售策划部，按照行业收集全国客户的成功故事，然后进行提炼并分发到各个区域，要求每个客户经理都理解并且背诵，以便在与客户沟通时运用。

远古时代，大禹之所以能超越父亲治水成功，就在于他摒弃了传统的以“堵”为主的治水方法，改为“疏导”。同样，在逼单过程中，面对客户的疑虑，销售人员要做的不是否定客户的看法，而是通过一定的技巧对客户的内心感受进行疏导，这是3F成交法能够取得成功的关键所在。

# 销售就是卖故事：故事销售法

故事是最有力的销售武器，因为故事可以让客户放松，卸下心理防备，销售人员通过迎合他们的情感需求吸引他们的注意力，最终达成交易。所以，讲故事是一种有效拉近与客户的距离并推进销售的策略和工具，其作用主要体现在以下三个方面（见图 5–2）。

图 5–2　故事的作用

（1）讲故事可以吸引客户的注意力。销售人员最大的敌人不是客户，也不是竞争对手，而是时间。如何提升销售人员在单位时间内的产出，是每一个销售管理人员最关注的问题。同理，客户的时间也是客户最宝贵的资源。试想一下，当你费尽心思好不容易约到客户，坐到客户对面与其沟通时，也许你只有 10 分钟的时间引起客户注意。这时，你面临的就是一个巨大的考验。如何利用这 10 分钟时间打破陌生局面，拉近与客户的距离呢？此时此刻，故事就是最好的沟通工具，因为故事不仅能让你的思路保持连续，还能成功吸引客户的注意力，为你赢得更多的时间和更大的机会，从而延续销售流程。

（2）讲故事有助于建立良好的人际关系。如果潜在的客户相信我们和我们的公司，那么他就可能跟我们签单。其实，获取客户的信任是所有销售人员花费时间和精力最多的环节。要想在短时间实现这一目的，最有效的方式就是给客户讲故事，通过讲故事巧妙地传达我们想让客户知悉的信息。同时，故事还能逐步减少我们与客户之间的信息不对称，从而让双方慢慢建立良好的人际关系。

（3）讲故事可以对个人、企业、产品或服务的价值进行背书。精彩的故事一定要经过精心设计，故事可以是其他客户的评价，也可以是产品性能的综合性描述，还可以是企业创始人的理念，或者是个人的成长经历，等等。总之，故事一定要真实，是我们熟悉或经历过的，这样才是对我们本人、企业、产品或服务的价值背书。

综上所述，故事是最佳的销售工具之一，一个优秀的销售人员通常也是一个讲故事的高手。具体来说，一个成功的销售故事应该向客户传达以下三个信息（见图 5-3）。

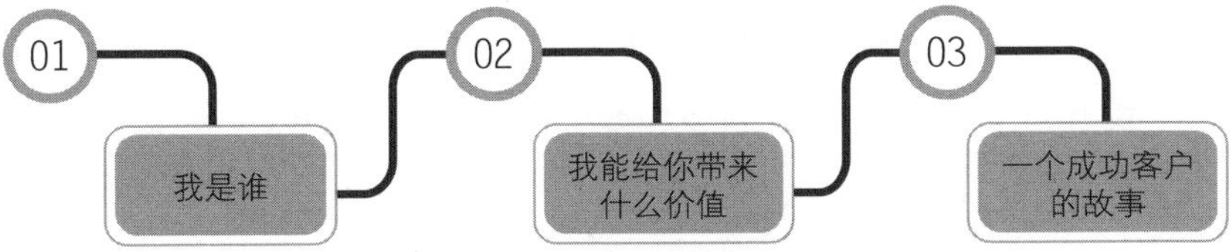


图 5-3 成功的销售故事

## 我是谁

在拜访客户时，我们基本都会经历一个从陌生到熟悉，再到彼此信任，最终实现成交的过程。在与客户第一次见面时，我们多数会先向客户进行自我介绍，然后再介绍公司、产品或服务。这里要注意，你在做自我介绍时一定不能照本宣科，那会像白开水一样索然无味。一开口，客户就知道你要讲什么，这对客户而言是没有吸引力的。所以，你的开场白必须抓住客户的注意力。这时你就可以精心设计一个故事介绍“我是谁”。如果你的自我介绍具有趣味性和独特性，那么就一定能让客户对你记忆深刻。

我在从事商业地产销售工作期间，曾陪同一个经纪人拜访客户。这个经济人叫钱多多，是一名销售高手，他的销售业绩经常排在第一位。在陪同他一起拜访客户时，我就看到了他成功说服客户签单的全过程。在这个过程中，他将故事销售法运用到了极致。

比如，当见到客户时，钱多多第一时间便递上了自己的名片：“顾总您好，这是我的名片。我姓钱，名叫钱多多，本名钱强，同事们都叫我‘西二旗疯子’。”

客户愣了一下，然后笑着说：“你这外号挺有意思啊！”

“是啊，是因为我创造了公司当天拜访8家且当天签单3家的销售纪录，所以大家都叫我疯子。把客户服务好了，成交了，钱自然就多了，于是钱多多就一直被这么叫着。”钱多多脱口而出。

简简单单两句话，一阵寒暄，既介绍了自己，也突出了自己服务客户且深得客户信任的优势，简直精彩至极。

## 我能给你带来什么价值

在销售过程中，客户最关心的是你的产品或服务能给他带来哪些好处和价值。如果这些好处或价值是你的竞争对手无法提供的，那就更完美了，这就是销售人员的核心竞争力。因此，将潜在收益或未来价值以成功故事的形式告知客户，就是最有效的销售方式。在这里，故事充当了一个载体，以一种润物细无声的形式帮你传递了你想要传达的信息。

在商业地产尤其是办公室租赁中，由于价格相对都比较透明，合同条款也是大同小异，所以客户最担心的就是房子的实用面积问题。比如，房子的实用面积是80平方米，而二房东在转租时以100平方米作为成交条款，这会给客户造成极大损失。作为一个商业地产老兵，钱多多自然深谙客户的这种心理。因此，在和客户交流时，他就会直接表示："至于房子的面积，您也是专家，我建议您直接找专业的第三方机构进行实地测量，以实测面积作为成交面积，您看怎么样？"通过这样的几句话，钱多多不仅直接道出了客户的担心，还给出了具体的解决方法，让客户更加安心。

## 一个成功客户的故事

销售行业内有一句土话，叫作"金杯银杯都不如客户的口碑"。一个成功客户的故事，可能比你说 1 000 句好话的效果还好。因为成功客户的故事的核心要素就是效果的呈现，而效果就是其他客户在购买你的产品或服务前后效果的对比，这种效果的对比最好是可以量化或货币化的，这样就更有说服力了。

为了消除客户疑虑，钱多多在和客户交流房屋面积的问题时，还特意谈到了他之前帮助某客户解决房屋面积差异问题的一个真实案例。当时，他让客户拿出手机亲自算一笔账，说假如二房东将房屋面积多报 20 平方米，按照每天每平方米 12 元来计算的话，每天的租金就多出 240 元，一个月就是 7 200 元，一年就是 87 600 元。算完后，客户惊呆了，当即就表示要与钱多多签订合同。

当然，一个好的销售故事除了具备以上因素外，还要能走进客户内心，引发客户共鸣。只有真正打动客户，才能促使客户做出购买决定。因此，我为大家介绍两个让故事更加成功的小窍门（见图 5–4）。

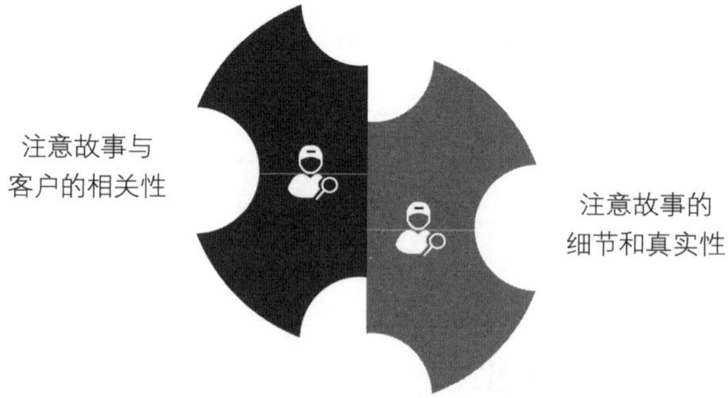


图 5–4　销售故事的两个小窍门

## 注意故事与客户的相关性

一个有效的销售故事，内容很关键，甚至能直接影响销售签单的成败。就像我们小时候常听的孔融让梨的故事一样，古往今来，人们都借用这个故事潜移默化地教育孩子要尊老爱幼；再如狼来了的故事，教导我们要诚实、讲真话，否则后果很严重……这些故事用在教育孩子身上都非常恰当。

所以，在设计销售故事时，我们要提前收集一些同行、同区域的销售故事，或者与客户同规模的其他客户的成功故事。道理很简单，客户对故事的信任来自相似性，如果你的产品或服务已经在其他客户身上被证明是有效的，那么客户就会想："我的公司跟他的公司规模差不多，应该也有效。"或者会想："我们都在同一行业，用在他那里有效，用在我这里应该也不会错。"当然，如果有客户目前的潜在竞争对手的成功故事，效果就会更好。因为客户始终处于一个市场竞争环境中，一旦其他客户成功，就意味着他落后了。这往往是客户不能接受的事情，所以他绝不会掉以轻心，也一定会想办法超越对手。这时你的机会就来了。

## 注意故事的细节和真实性

从客户的心理角度而言，客户更希望通过自己收集的信息做出自己的分析、判断和决策。基于此，我们的故事一定要真实。为了证明故事的真实性，我们可以为客户提供一些细节信息，以帮助客户对你的产品效果和售后服务做出基本判断，从而促使客户做出购买决策。

钱多多在与客户会谈时，会将所有故事的实际情况明确告知客户，比如一些签单客户的名称、签约的具体地址等。他还经常随身携带一些客户的合同，以此向潜在客户证明故事的真实性，甚至鼓励客户自己验证，这样就给客户吃了一颗定心丸。

当然，好的销售故事也需要用在正确的时机，这样才能让故事发挥事半功倍的作用。否则，应用不当很可能会适得其反，引起客户反感。那么，到底什么时候才是讲成功故事的最佳时机呢?

（1）开场白。我们给客户留下的第一印象很重要，第一印象的好坏往往决定了你的去留，所以在自我介绍时用一个故事开场，不仅能打破彼此之间的陌生感，拉近彼此的距离，还能让客户对你、对你的公司和产品、服务等产生兴趣，从而抓住客户的注意力，把控会谈的主导权。

（2）销售方案陈述。销售方案陈述是一个承上启下的环节。在这个环节，你要完整地呈现企业的产品和服务的价值与优势，为签单做好铺垫。如果能在这个环节加入适当的成功故事，将会立刻吸引客户的注意力，让客户对你的产品或服务产生兴趣。

（3）逼单环节。一旦客户认同了你的解决方案，说明客户已进入做出购买决策的环节。逼单是所有销售努力的最终体现和最关键的环节，此时双方在打心理战，价格的高低、支付的方式和售后服务等，也将成为谈判拉锯的焦点。在这种情况下，销售人员必须充分把握客户的心理，把控好时机，在适当的时机用同区域、同行或者竞争对手的成功故事刺激客户，加速客户的购买和支付行为。

总之，故事是你在销售过程中最厉害的武器之一，好的故事能让客户相信你，相信你的产品和服务能为他带来价值。当然，讲故事也是一种技能，如果想要讲得精彩、有效，平时要勤加练习。

# 西方销售成交经典模型：AIDA 法则

AIDA 是 Attention（注意）、Interest（兴趣）、Desire（欲望）和 Action（行动）的首字母缩写。AIDA 法则也称"爱达"推销模式，是国际推销专家海因茨·戈德曼总结出来的一种推销模型，主要是指一个销售人员必须学会通过某种方式引起客户注意，并把这种注意力成功转移到其所推销的产品或服务上，使客户对产品或服务产生兴趣，从而激发客户的购买欲望，达成交易（见图 5-5）。

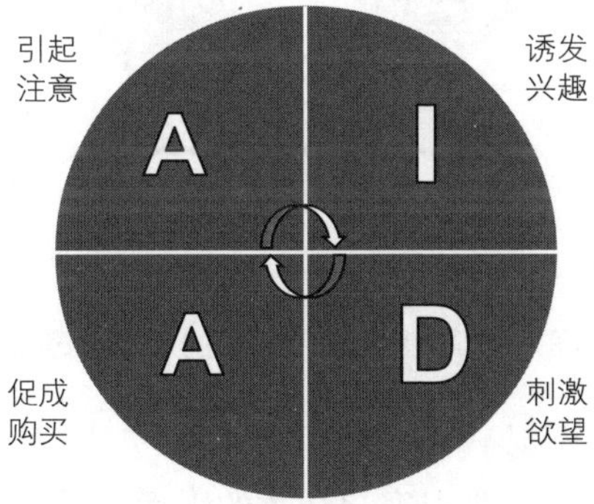


图 5-5　AIDA 法则

从一定程度上来说，AIDA 法则也是一个客户购买行为法则，客户从最初的了解到最终产品成交，完成购买，往往经过四个阶段，即Attention（注意）—Interest（兴趣）—Desire（欲望）—Action（行动）。因此，在这个过程中，销售人员要做的就是引起潜在客户注意—激发潜在客户兴趣—刺激潜在客户购买欲望—促成潜在客户购买行动。

## Attention（注意）：引起潜在客户注意

当我们准备向客户推销产品时，要做的第一件事情就是吸引客户的注意力，让客户给我们一个介绍产品的机会。为了让客户全面了解产品，我们要努力让客户将所有注意力都集中到我们身上，包括我们的每一个动作、每一句话。只有当客户能全身心地关注我们时，我们才有可能把想传达的信息准确无误地传达给客户。那么，怎样才能有效吸引客户的注意力呢？我们可以运用以下4个小窍门（见图5-6）。

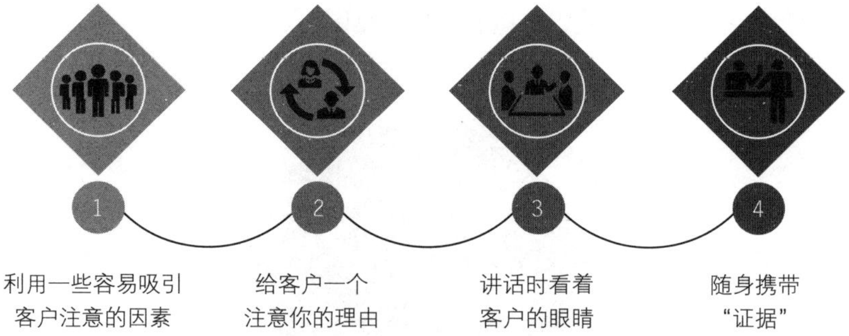


**图5-6　吸引客户注意力的4个小窍门**

（1）利用一些容易吸引客户注意的因素。通常情况下，动态的东西容易引人注目，比如对比度大的物品、反常规的物品、颜色鲜艳的物品等。因此，在向客户推销之前，我们就可以利用这些容易引人注意的因素，如设置一些动态的宣传广告、穿色彩艳丽的衣服、拿一些色彩鲜艳的宣传单等。

（2）给客户一个注意你的理由。在生活节奏不断加快的今天，人们对于“时间就是金钱”的理解更加透彻，客户也不愿意在对其没有利益可言的事上花费时间。因此，为了吸引客户的注意力，我们就要给出客户一个能注意你的理由。这时开场白就非常重要，我们可以将产品或服务能为客户创造的价值直接放在前面，比如：“您好，先生，我有办法帮您将本月的订单量增加30%，您想花几分钟时间了解一下吗？”

（3）讲话时看着客户的眼睛。这是在人际交流过程中表达尊重与礼貌的一种方式，也是吸引客户促成成交的一个小窍门。眼睛是心灵的窗口，客户可以从你的眼神中感受到你的真诚，在沟通中，很少有人能拒绝一个真诚的人。

（4）随身携带“证据”。实际的接触和感受往往要比语言描述更能吸引客户的注意力，所以在推销过程中，我们可以随身携带一些样品，然后直接将样品展示给客户。如果是无法直接展示的虚拟产品或服务，也可以将产品或服务带来的效果、客户的评价等展示给客户。

总之，吸引客户注意力的方法有很多，如果运用得当，就可以将客户的目光吸引到我们或者我们的产品身上。需要注意的是，吸引注意力本身就是一种吸引人流的方式，所以还要评估效果和投入产出比。如果单纯为了吸引客户注意力而增加过高的成本，也是得不偿失的，销售人员要把握好投入产出比。

## Interest（兴趣）：激发潜在客户兴趣

激发客户兴趣与吸引客户注意力是一个相辅相成的过程，只有让客户把注意力放到我们的产品或服务上，客户才有可能产生兴趣。一旦客户对产品或服务产生兴趣，他的注意力就会越来越集中。只有产生了兴趣，客户才有可能产生购买欲望，从而完成购买。

好奇之心，人皆有之。客户也可能会对一些听起来较为新奇的产品、服务产生一定的兴趣，但只有兴趣不等于有需求，客户也不见得就会买单，因此激发客户兴趣一定要建立在满足客户需求的基础上。了解客户需求最好的方法就是直接向客户询问，比如“请问贵公司近期有推广需求吗？”“请问贵公司所面向的客户群体主要集中在哪个年龄段？”“请问贵公司的业务是主要集中在北京地区吗？”

了解了客户需求，我们就要对这种需求进行适当强化，然后再根据客户需求展示我们的产品或服务的特色，强调产品或服务能帮助客户解决哪些难题，实现哪些效果，以此激发客户的购买欲望。

## Desire（欲望）：刺激潜在客户购买欲望

前文我们曾讲过，影响客户购买决策最重要的因素是客户感知。也就是说，当客户感觉购买产品所得的总体利益高于其所付出的总成本时，购买欲望就会提升。所以在引起客户的兴趣后，接下来我们就要向客户描述我们的产品或服务能够为其带来的收益。我们可以运用假设成交法向客户描述成交后的场景。

如果客户表示“还需要时间考虑”或还对某些方面存在疑虑，我们就可以利用 3F 成交法，找到产品与客户购买欲望之间的契合点，然后站在客户的角度，利用从众心理彻底说服他，让客户相信，我们的产品一定能满足他们的需求。

## Action（行动）：促成潜在客户购买行动

当客户有了购买欲望时，我们一定要准确把握时机，踢好临门一脚，让客户完成购买。在此要注意，最终的购买决策一定要由客户自己做，而我们要做的就是向其证明他的购买决策是非常明智的选择，这样适当逼单，才能帮助犹豫不决的客户尽早完成购买。客户签单，便开始进入售后服务阶段，此时要注意通过良好的服务维护与客户的关系。

在 AIDA 成交法则中，引起潜在客户注意、激发潜在客户兴趣和刺激潜在客户购买欲望，是三个过程性行为，将过程性行为变成实际的签单行动，其诀窍就在于时机。也就是说，怎样尽快让客户当时就做出购买决策，是这个成交法则的关键环节。

另外，同行刺激法也是有效的成交利器。俗话说得好：同行是冤家。所有同行都在竞争同一类型的客户，甚至是同一个客户。如果同行成了阿里巴巴的客户，而你没有，那么你被同行抢单的可能性就非常大，所以同行刺激法也是加速签单的利器。

正如故事成交法则所言，我们必须采用同行业，甚至客户已经熟知的竞争对手的成功故事，让客户产生忧虑甚至恐惧。也就是说，你的同行已经是阿里巴巴的会员，当海外买家在阿里巴巴上寻找客户的时候，同行就有更多的展示机会，当然也就有更大的机会接触海外买家，成为海外买家的供应商，这对潜在客户而言将是一个巨大的刺激。

我在阿里巴巴担任大区“大政委”期间，有一次，我在深圳区域曾和一个顶级销售外出拜访客户，他的做法给我留下了非常深刻的印象。当我们进入客户的工厂，寒暄几句后，他就请求客户带我们参观工厂。在这个过程中，他边参观边询问客户的供应量、获客途径和主销地区等信息。这时他突然冒出一句："您这样下去，公司可能坚持不了6个月啊！"这句话简直像一枚重磅炸弹，我在一旁目瞪口呆，更不用说客户了，他端着手里的茶杯足足愣了一分钟。

"您的同行 ×× 公司，您知道吧？"我的同事问。

"知道啊，我们上个月还一起参加了行业交流会。"客户回答。

"哦，那就好，×× 公司这个月已经接待了两个客户，这两个客户分别是 ×× 和 ××，您也知道吧？"我的同事继续问。

"不会吧？它们可是中东最大的客户，上个月来我们公司考察了，怎么能这么快就跟别人签订合同了呢？"客户几乎惊掉了下巴。

"所以，我说您的公司坚持不了6个月！"

……

最后，这个客户一下就签了一个12万元的单子。这次陪访也让我大开眼界。我的同事非常成功地运用了同行刺激法，给客户重重的一击，彻底激发了客户的紧迫感，从而顺利签单。

以上就是AIDA法则4个阶段的具体应用。这几个阶段彼此联系，缺一不可。整个过程看似简单，实则每个阶段都需要销售人员充分发挥自己的智慧和能力，做到真正意义上的步步为营。

# 无形产品销售的独家秘籍

根据产品的形态，产品可以分为有形产品和无形产品。有形产品很容易理解，就是我们能够看到、能够体验到的一切真实存在的产品；无形产品则是通过物化或非物化形式将有形资源转化成具有价值属性的非物质性劳动产品和有偿经济言行。简单来说，无形产品是包括软件、音乐、电子读物、网络教育、娱乐产品消费、旅游、医疗以及信息服务在内的一切没有形态的虚拟产品或言行。

那么，销售无形产品和有形产品有差别吗？二者原理相同但方法相异。由于“无形”，所以这类产品不容易被客户感知和体验，比如保险的服务如何，网络效果如何，软件是否容易操作……这些在购买之前，客户基本很难感知到，因此与有形产品相比，无形产品的销售难度大得多。

到底应如何销售无形产品？相信许多销售人员都很想知道答案，接下来我就为大家推荐三种销售无形产品的独家秘籍：无形产品有形化；产品是造出来的，服务是演出来的；把承诺变成一个可信的期望（见图 5–7）。

图 5-7　无形产品销售的三大秘籍

## 无形产品有形化

有形产品通常可以直接体验，可以被看到、摸到、闻到或品尝到，而且还能在购买之前体验。比如买衣服前，客户不但能看到衣服的样子，还能试穿看看效果；买水果时，不但能看色泽、新鲜度，有时还能免费品尝；买汽车时，不但能看到外观，还能试驾……

无形产品则完全不同，由于产品本身通常不具有任何形态，所以客户根本没办法亲自体验。为了让客户感觉更加具体，更加踏实、放心，我们就要尽可能地将这些无形产品以有形的方式展现出来。

举个简单的例子，现在市场上销售的洗衣粉都宣称自己有独特的“增白亮色”功效，但在消费者看来，所有洗衣粉都是一些白色颗粒，看不出有什么不同。而销售人员在销售洗衣粉时，也不可能向所有客户现场演示，那么怎样向客户传达洗衣粉的“增白亮色”功能呢？

这时商家就想出了一个办法，让“增白亮色”这个功能变得有形，也就是在白色洗衣粉中加入“蓝色增白颗粒”，并使用透明的塑料包装袋，这样客户一拿起洗衣粉，就能看到里面的蓝色颗粒。这样的“眼见为实”，也更容易让客户产生信任感。

## 产品是造出来的，服务是演出来的

有形产品通常是由专业人士设计并专门制造出来的，无形产品则完全不同，它的制作过程与实际交付通常难以分开，甚至交付过程就是制作过程或使用过程。

以保险理财类产品为例，它就属于典型的无形产品。要想让客户感知到它的价值以及其与其他公司产品的区别，我们就要靠服务取胜。在成交之前，保险经济人可以为客户提供一切能提供的服务，有足够的耐心为客户讲解保险的相关知识，真心实意地站在客户的角度为其挑选合适的险种。同时，保险公司或保险经济人还要定期向投保人及受益人发送信息，介绍最近的税收政策新动向或外汇债券收益率等内容，介绍最新的理财理念和保单等，还可以定时组织联谊会或答谢会，向客户表示感谢，以优质的服务获取客户的认可。

## 把承诺变成一个可信的期望

如果潜在客户不能预先感知，那么他购买的东西就只能是一些承诺——由生产者或销售者承诺给他带来满足。承诺本身也是一个无形的东西，而我们要做的就是将这无形的承诺以具体的形式展现出来，将其变成一个能让客户相信的期望。

2020年新冠肺炎肆虐期间，一些人群聚集场所的消毒工作就成了重中之重，比如公共交通工具、办公场所、酒店等。那么如何让大众相信这些地方已消毒了呢？这就是一个典型性的无形产品有形化的案例。

比如在酒店等一些高档场所，清洁卫生是一项非常重要的服务内容，虽然许多酒店都承诺会每天定期消毒，但很多人对此仍然表示怀疑和担心。针对这种现象，许多酒店会选择在卫生间等一些地方贴上“已消毒，××××年××月××日”的标签，以这种方式向客户明确表示“这个房间已经被精心打扫和消毒，您可以放心使用”。这就是将承诺变成有形产品和可信期望的典型案例。

再比如，一些能源管理公司会为能源消耗企业提供方案，并检测公司的运行状况，定期向客户发送月度检测数据和报告，以这样的方式明确告知客户，公司已经帮其节约多少能源消耗或节省多少资金，这也是将承诺变成可信期望的具体表现。

最后，我要提醒大家的是，对于无形产品，通常客户只有在失去的时候才会意识到无形产品的存在，所以在留住无形产品的客户时，最重要的一点就是经常提醒客户，他获得了什么。因为客户只会觉察到失败和不满，但很容易对成功和满意视而不见。我们只有经常提醒，不断强化，才能让客户意识到无形产品为其带来的价值。

# 利益驱动：简单直接的 FABE 成交法则

人天生喜欢追求利益，无论是精神上的，还是物质上的，只有有所回报，才能让人更愿意投入。美国第 26 任总统西奥多·罗斯福就曾说过：“显而易见，生活给我们的最好奖励就是在值得的事情上努力工作。”这一点在客户做购买决策时更是体现得淋漓尽致。

实践证明，人们通常只会购买能给自己带来利益和价值的商品或服务。哈佛大学营销学者研究发现，在购物过程中，虽然客户在很多时候不会明确表达，但潜意识中仍然会有一系列疑问：我为什么要听你（销售人员）说？这是什么？那又怎么样？对我有什么帮助？真的还是假的？谁这样说过？还有谁买过？（见图 5–8）因此，想要实现快速成交，我们就要在销售过程中针对这些关键问题给予相应的解答。

要解答这些问题，首先肯定要吸引客户的注意力，之后再针对客户的疑惑，对自己的产品或服务进行介绍和描述。在这个过程中，一定要先讲产品或服务的特点，以此告诉客户“这是什么”，然后再阐明其优点，解答客户“那又怎么样”的疑惑，之后再重点介绍产品和服务的好处，也就是能为客户带来什么好处、创造什么价值。最后，通过一些具体的证据证明自己的观点，以此获得客户的信任，最终实现成交。这个过程其实就是一个重要的成交法则——FABE 法则。

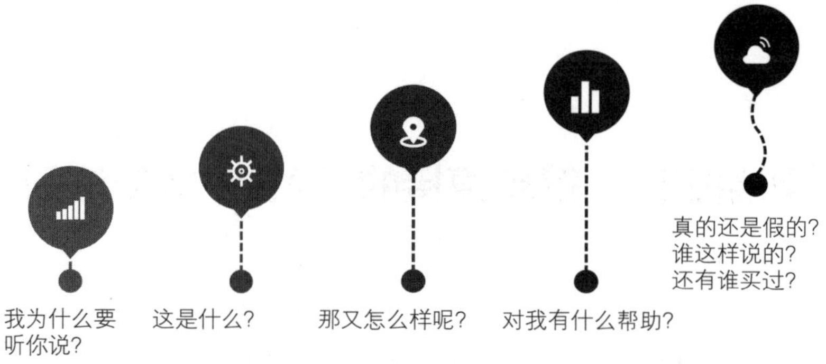


图 5-8　客户心中的疑惑

FABE 是由台湾中兴大学商学院院长郭昆漠博士总结的一个典型的利益推销法，其通过对产品特征（Features）、优势（Advantages）、益处（Benefits）以及证据（Evidence）四个重要环节的展示（见图 5-9），巧妙地解决客户在购物过程中最为关心的四个问题，将最符合客户要求的商品利益充分展现在客户面前，并最终成功将其转化为客户的购买动机，实现成交。

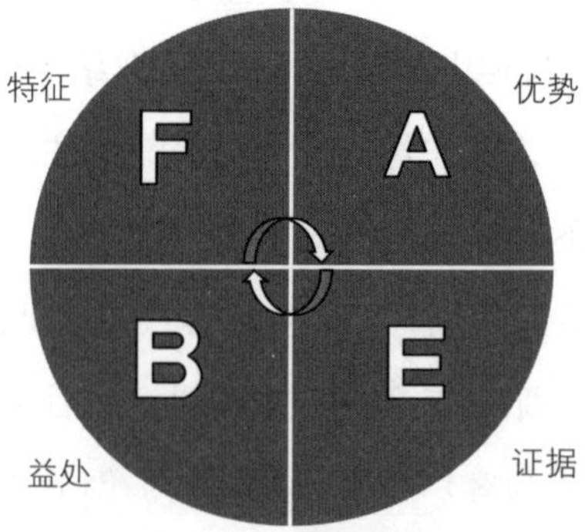


图 5-9　FABE 法则

## Features（特征），即产品或服务的属性、特点是什么

产品特征就是指包括属性、工艺、材料、成分、参数等在内的产品的具体特点，以及它能满足客户的哪些基本需要。产品特性通常是有形的，可以让客户看到、摸到、尝到，通过产品特征的介绍，就能很好地解决客户对于“是什么”的疑问。

需要注意的是，产品的常规功能往往都大同小异，与其竞品很难拉开太大距离，因此在介绍产品属性时，销售人员要懂得适当挖掘其内在属性，找到其与竞品不同的地方，从而制造差异性，为客户留下深刻的印象。当产品或服务给客户留下“独一无二”的印象时，距离成交就更近了一步。

> 比如，在介绍一款手机的特性时，除了对一些常规功能进行介绍外，我们还可以强调：“这款手机运用了第五代物理指纹解锁技术，感应更灵敏，解锁速度超快。同时，它采用的是超薄机身，非常轻便，采用曲面机身造型设计，使其更贴合手掌，操作更加方便……”从解锁技术、机身设计等细节强调自身的与众不同，往往更容易加深客户的认知。

## Advantages（优势），即产品或服务的优点、作用怎么样

介绍完产品特征，客户对产品或服务有了初步认识，接下来我们就要强调产品或服务的优势了，也就是要回答客户“那又怎么样”的问题。这时我们要重点介绍与同类型产品相比，我们的优势在哪里，

有哪些独特的地方，等等。

比如："这款手机具有超长待机功能，一次充电，最长可待机 5 天，有效解决了出门在外充电难的问题。"

或者："这款手机配置了 1 600 万前置高精度美颜相机，支持对五官、发型、脸型等维度进行个性定制，与传统美颜手机套用模板的美颜方式相比，能把您拍得更自然、更美丽！"

## Benefits（益处），即产品或服务的好处、用处，能为客户带来什么

产品或服务能为客户带来的价值和好处才是客户真正关心的问题，同时这也是决定能否成交的关键问题。因此，在向客户阐述产品或服务的好处、用处时，我们要注意秉承"一切以客户利益为中心"的原则，通过强调客户能够从中获得的收益激发客户的购买欲望。

比如："购买这款手机，您不仅能得到一个时尚大方、具有超长待机功能的通话设备，还能得到一台可以随身携带的网络电视、一个具有海量存储空间的移动硬盘、一部具有 1 600 万像素的迷你相机……花一次钱，享受多种服务。"也就是将该手机能为客户带来的价值进行罗列，以此打动客户。

## Evidence（证据），即产品或服务具有哪些证据、证明，客户为什么相信

为彻底打消客户的疑虑，推动客户做出购买决策，我们还要用可

信的证据向客户证明我们描述的是事实，而不是凭空捏造的。这里的证据可以是售后保障书、鉴定报告等相关证明文件，也可以是其他客户真实的好评，还可以通过现场演示让客户“眼见为实”……要注意的是，这些证据必须真实有效，最好具有一定的权威性，这样才能更好地赢得客户的信任，实现成交。

实际上，FABE 成交法则就是一个循序渐进地对客户进行引导的过程。在这个过程中，销售人员要通过各个环节向客户传达一个信息——我们的产品是最适合你的。在具体运用的过程，还要注意以下三点。

第一，坚持客户利益至上。不管是推销产品还是服务，都一定要以客户利益为根本出发点，时刻关注客户的反应，从而挖掘并满足客户的真正需求。

第二，应用 3+3 提问法则。销售人员要努力了解客户购买该产品或服务的主要目的是什么，他们有哪些具体要求，预算有多少。

通过这三个问题，我们就能有效了解客户的真实需求和对产品价格的接受能力，然后根据实际情况采取相应措施。与此同时，还要顺势抛出三个已被证明的价值或典型特点，比如手机的超长待机、拍照和指纹解锁等特点，以此推进客户购买的决策过程。

第三，适时提出成交要求。处理客户疑问的最终目的是与客户达成共识，最终实现成交，所以在与客户交流时，销售人员要注意掌握成交的主动权，随时提出成交要求，适时加快成交速度。

如果用一段可以套用的话术解释 FABE 的用法，那就是：“我们的这款产品具备……特点，所以有……优势，能给客户带来……好处，还有……证明，加上我们公司刚好成立 10 周年，推出了一个特别优惠的政策，因此，您现在购买是最佳选择。”

总之，在产品功能相对复杂，需要阐述或证明，或者产品同质化比较严重，需要进行一对一推销的场景下，FABE 成交法则是非常适用的。需要注意的是，在每个环节，销售人员都要尽量使用通俗易懂的语言，以便客户对产品形成一个全方位的认知。在此过程中，最关键的就是要懂得明确展示产品或服务的优点和好处，因为对于任何一个产品或服务，客户关心的都是它能为自己带来的价值，而不是产品或服务本身的功能。

# 第六章
# 有效线上运营，让成交量暴涨

在多元化的互联网时代，客户接收信息的渠道多种多样，单一的线下销售模式显然已不再适用。线上线下相互结合，利用多渠道全方位地与客户进行交流，是大势所趋。为了让客户拥有更好的购物体验，更快地推动成交进程，销售人员应该掌握适当的线上销售技能，让成交量暴涨。

# 电话销售：快速签单只需5步

电话销售与面对面销售相比，优点和缺点都很明显：优点在于省去了当面拜访的麻烦，可以直奔主题，能够节省很多时间和精力，效率比较高；缺点也很明显，因为是电话沟通，用表情传达的感染力和用肢体动作表达的情感等无法体现出来，所以想要获得客户的信任也就更加困难。而且很多公司的电话销售人员都采用“广撒网”、愿者上钩的方式，这也令电话销售的成交率一直比较低。

阿里诚信通也曾遭遇类似的问题，为此，阿里也做过很多努力。

诚信通铁军非常重视新员工的培训工作，除了正常的培训课程外，在辅导电话销售的新员工时，还会安排相应人员在每天固定的时间陪同新员工打电话，然后根据他们与客户的交流情况指出他们在沟通中存在的问题，让新员工边学边练。这就令新员工进步很快，获得的经验也更加深刻。而且在必要的时候，老师还会亲自给客户打电话，向新员工现场传授话术技巧，教授新员工如何提升沟通的感染力，赢得客户的信任。

除了培训辅导，诚信通团队还独创了5步签单法则，即开场白、话天地、入主题、试缔结、再缔结（见图6-1）。这5步签单法则以成交为最终目的，采用渐入式的销售理念，层层推进，步步为营，是一个实用性非常强的销售技巧，至今仍被许多电话销售团队使用。

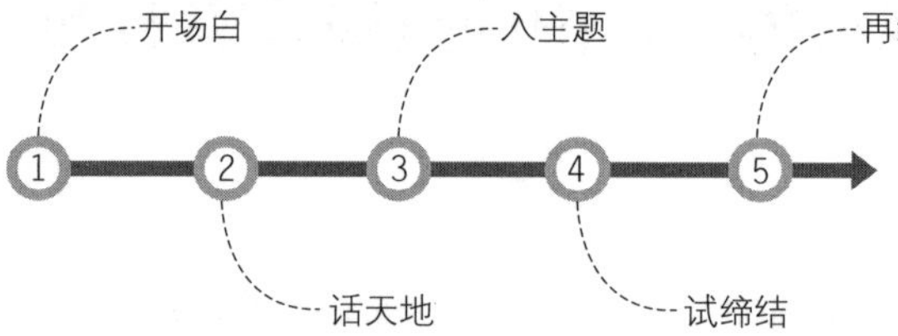


图6-1　诚信通5步签单法

## 开场白

开场白是我们与客户建立联系的第一步，好的开场白能迅速拉近彼此的距离，为接下来的工作奠定基础。

（1）以完善客户信息为切入点。以这种方式开场比较容易被客户接受，而且还能在第一时间获得有关客户的更加全面的信息，以便能更好地安排后面的拜访工作。

阿里的销售人员在进行客户拜访时，常常会用这样的话语开场："您好，王先生，我是阿里巴巴中国网站上海渠道的小李，贵公司曾经在阿里巴巴平台注册过一个会员，对吧？"在得到客户肯定的回答后，再进一步表达自己的意图，如："现在阿里巴巴平台上的许多人都对贵公司的产品很感兴趣，但贵公司在平台上的注册信息并不完善，我想了解一下贵公司的一些相关信息，然后根据需求为您匹配一些合适的买家，您看方便吗？”或者说：“贵公司在平台上的信息还没有完善，这样不利于买家搜索贵公司，能否占用您一点儿时间，让我来帮您把信息完善一下？”

（2）以前访问过，以回访名义再次拜访。即使真正的有效客户，很多客户也并不是在第一次拜访时就能实现签单，还需要后续拜访。再次拜访的主要目的是进一步了解客户的需求、客户存在的疑虑等。对于这类客户，我们的开场白可以直接一点。

比如：“王总，看到贵公司在××××年××月注册成为阿里巴巴的会员，应该是我们的老朋友了。因为之前有服务人员跟您接触过，但好像网络推广没做起来，因此我们想了解一下贵公司的情况和您的想法，以便我们今后更好地合作。”

（3）利用同行刺激。在生意场上，客户对于竞争对手的情况通常都比较敏感，如果能利用同行所取得的成绩刺激客户，往往更容易吸引客户的注意力。

比如：“李总您好，我是阿里巴巴中国网站的小张，很冒昧地给您电话。因为很多和您做同类产品的企业通过我们的诚信通服务获得了新的客户资源，而且有不少企业还和大型采购商建立了供求关系，所以我希望能用几分钟时间了解一下贵公司目前的产品和生产能力，以便我们的买家更好、更快地找到您。”

## 话天地

通过开场白成功吸引客户的注意力，顺利进入拜访环节后，为了避免引发客户反感，接下来，我们不要马上将话题切换到产品或服务的销售上，而是通过一些"题外话"拉近距离。当然，这些"题外话"也并非完全无用，我们要通过这种方式挖掘我们需要的一些信息。

> 比如："李总，贵公司的产品主要是哪些？我注意到贵公司是生产 ×× 产品的，请问除了这个产品，还有其他产品吗？您的产品主要是销往国内还是国外市场？"
>
> 或者："李总，如果有人想购买您的产品，跟您联系可以吗？您是销售经理，还是说这家公司就是您的呢？"

## 入主题

通过"话天地"的方式逐步进入拜访主题后，接下来，我们就要尝试深挖客户的需求，并将这些需求转化为痛点，从而刺激客户做出成交决定（见图 6–2）。

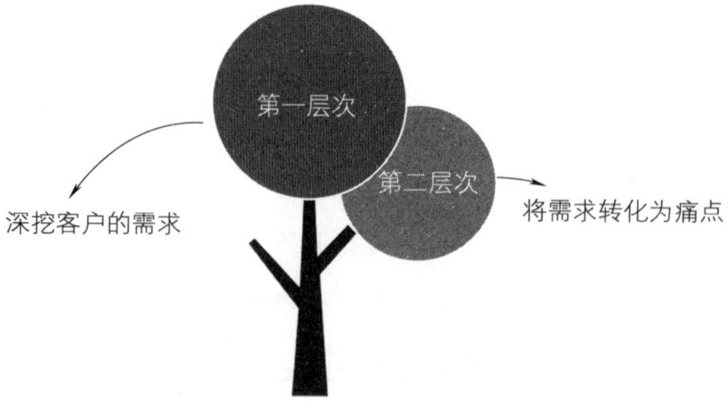


图 6–2 "入主题"的两个步骤

（1）深挖客户的需求。根据我们了解的现实情况，接下来，就要从客户需求入手，比如客户经营产品的品牌或客户近期的一些行为等，在此基础上进一步扩展问题，以此了解客户的一些想法、经营理念等，再从这些交流中了解客户的关注点，深挖客户的需求。

比如："李总，请问一般哪些企业需要您的产品呢？您如何看待网络上的买家？网络贸易中您最不放心的是什么？"

（2）将需求转化为痛点。在成功挖掘客户的需求后，我们就可以有针对性地与客户进一步探讨，以便推动成交。

比如："李总，您目前的业务是怎么做的呢？是业务人员到全国各地联络客户吗？那么一个月下来，各项费用很高吧？我之前的一个客户也是这样，差旅费用较高，但效果并不明显。如果阿里巴巴可以帮您拓展业务，您会不会考虑与我们合作？"

## 试缔结

在任何时候，销售人员都不能被动地等待客户主动提出成交，而要将成交权掌握在自己手中，在适当的时候通过一些话术和技巧与客户缔结成交关系。在经过上面的交流后，我们基本已经与客户达成初步一致，这时就要大胆地提出成交建议。

比如："您真是一位思维开阔的企业家，我现在就把完整的合作方案发到您的邮箱，然后再发一个收款的二维码。您看可以吗？"

## 再缔结

首次缔结如果没有获得客户响应也没关系，我们可以针对客户的问题和存在的疑问进一步解答，然后在适当的时机再次提出缔结意愿。

比如："您现在只需要提供法人身份证和营业执照复印件即可，我已经把支付二维码发给您了，您直接扫码，付款即可。"

这就是既容易掌握，效果又比较明显的诚信通 5 步签单法，整个过程都以客户的实际需求为中心，站在客户的角度设计话术和说辞，力求在最短的时间内成交，尽快帮助客户拓展新客户和新业务。

除了以上 5 个具体步骤，我再和大家分享两个提升电话销售能力的小技巧（见图 6–3）。

图 6–3　提升电话销售能力的两个小技巧

## 保持激情

因为无法与客户面对面交流沟通，有相当一部分行业的电话销售人员只能盲目地筛选客户，成交率很低，因此也导致很多电话销售人员热情不高。其实很多销售人员把因果关系弄反了，不是因为成交率不高，所以热情不高，而是因为销售人员的热情不高，客户不愿意与之合作，成交率才低。

销售本质上是一种沟通，是销售人员与客户的双向交流过程。如果销售人员根本不把客户当回事，也没有“此单必成”的决心，那用什么感染客户呢？客户自然也不会选择一个毫无激情的销售人员。

我在阿里巴巴任职期间，发现阿里铁军中许多优秀的销售人员有一个共同的习惯，就是听前辈激情四射的销售录音。我曾经问他们这样做的原因，大家认为这些录音能够帮助他们调整状态，让他们充满激情地投入工作，而且这种状态可以维持很长时间。当他们把这种激情带入与客户的沟通时，通常会感染每一位与他们沟通的客户。这种方法对于成交具有很大的促进作用。

调整自己状态的方法因人而异，一定要把激情带入与客户的交流中，这也是电话销售人员赢得客户信任最有效的办法之一。

## 听录音

阿里铁军的许多优秀销售人员还有一个习惯，就是听录音，也就是听前辈与客户交流的录音。这不仅能帮助自己快速调整状态，还能学习前辈的优秀话术。虽然大多数电话销售人员在上岗前都会接受公司内部培训，学习话术和开场白等基本技能，但由于实践和理论存在很大差别，如何正确地将理论应用到实践中，是许多销售新手面临的最大难题。于是，听录音的作用就不言自明了。

几乎每个销售团队中都有一些能快速成交的高手，当你去听他们的录音时，就会发现，他们在开场白和沟通话术中往往会运用一些培训中没有教授的技巧，而这些技巧都是他们在实战中总结出来的撒手锏，是真正能实现快速成交的秘密武器。

当然，无论是我总结出来的经验，还是公司内其他前辈传授的技巧，这些都属于别人的能力，虽然有一定的参考价值，但也很有限。只有通过实践逐渐总结出最适合自己的销售方法，你才有可能成为一名出色的销售人员。

# 线上线下流量整合，加速产品成交

移动互联网时代，流量为王。企业铺天盖地地做营销，最主要的目的就是获取更多的流量。因为没有流量，就没有客流量，也就难有成交量。

那么销售是不是也要寻找更多的流量呢？答案是肯定的。身处移动互联网时代的客户群体和以往任何时候的客户都有很大区别，他们获取信息的主要渠道已经从以前的纸面媒体、电视媒体变为社交新媒体，如微信、微博、小红书、抖音等。当我们深入了解这些社交工具后就能发现，其中确实隐藏着巨大的流量。

这些应用背后的每一位用户，其实都是潜在客户，只要销售人员能将线上流量合理地引到线下，再用线下资源获取客户的信任，就能加速成交。因此，在利用这些资源时，我们需要运用不同的方法，从线上和线下两个途径整合、利用流量（见图 6–4）。

图 6–4　线上线下流量整合

## 线上流量的获取与整合

关于线上流量的获取与整合，我们可以遵循以下三个步骤。

### 精准寻找流量

俗话说："隔行如隔山。"每个行业、每个领域都有自己的圈子，每个圈子里也都有一批因为有相同习惯或兴趣爱好而聚集到一起的人。销售人员要做的，就是在其中寻找有意向的客户，这样不仅能准确找到有效客户，成交率相对也会更高。

为什么会这样呢？从客户的角度分析，当客户有了某种需求后，如果经常消费的店铺不能满足其需求，或者业务涉及一个完全陌生的领域时，那么客户的第一反应肯定是找相关人士咨询，而知乎、小红书等都属于此类网站。当客户到这类网站寻找答案时，只会有两种可能：一是已经有人问过这个问题，并且有现成答案；二是客户发布新的问题，等待相关专业人士解答。所以，在相关行业的圈子里，客户通常都是带着明确目的进来的，也都有明确的需求，这类客户就是销售人员要寻找的线上精准流量。

需要注意的是，虽然流量很重要，但对于销售来说，只有精准对口的流量才有意义。

举例来说，如果一个五金行业的销售人员想在小红书上寻找自己的客户，显然就是缘木求鱼。虽然小红书上有很大的流量群体，但很难取得良好效果。如果他上阿里巴巴或慧聪网，效果就会大不一样。所以，流量也讲究"门当户对"，精准才能有效。

## 线上知识储备

在找到精准流量池之后，并不是说销售工作就完成了，只要坐等客户自己上门就行了。此时，销售人员还要解决以下三个问题（见图 6–5）。

图 6–5　销售人员需要解决的三个问题

（1）客户的需求是什么？任何一个销售人员，不管是推销产品还是服务，都必须弄清这个问题，这也是对方能够成为你的客户的根本原因。你只有事先弄清客户需要什么，才能有针对性地满足客户需求，而不能等客户找到你，你再花时间了解客户，这显然是非常不专业的，也会降低客户对你的信任。

（2）为什么是我？简单来说，就是身为销售人员，我们能为客户提供哪些选择。放到线上环境，就是销售人员在所有人面前展示出来的实力和资源。当所有人都认可你的综合水平后，客户选择你的可能性就会增大。其中，销售的实力和资源可以是销售人员自身的，也可以是销售人员背后公司的所有可利用资源，而相对于个人，公司实力强大会让销售人员具备更强的说服力。

（3）客户怎么找到我？关于这一点，我们要先弄清这些专业圈子的等级制度和运行规律，等级越高的人在圈子内的话语权也越大，他的话也会获得更多关注。以微博为例，微博上的大V一般都会比博主拥有更多的流量，也能吸引更多的注意力，获得更多的信任度。

当前的主流社交平台用的都是此类等级制度，而提升等级或知名度的关键就在于个人综合实力和可利用的资源。在专业形象的塑造上，由于互联网匿名的特性，销售人员千万不能夸大其词、弄虚作假，这是销售过程中最忌讳的事。

### 建立沟通，获取信任

当执行了上述步骤后，接下来就要与客户建立联系。不管是销售主动出击，还是客户主动找上门，销售人员都要认真对待每一位客户。至于和客户沟通的技巧与需要注意的问题，前文已经详细解读，不再赘述。

## 线下流量的获取与整合

2016年10月，在阿里巴巴的云栖大会上，马云首次提出了“新零售”的概念。他认为，在未来的10年或20年中，新零售将彻底取代电子商务，成为行业主流。什么是新零售呢？简单来说，新零售就是通过推动线上线下融合，打造交易闭环。因此，要想有效推动成交，除了关注并抢夺线上流量外，线下流量同样不容忽视，销售人员要使二者有效融合。

## 线下为线上引流

通过线下引流时，要以分享和推广为主，销售产品为辅，以此吸引客户。这种引流方式比较精准，可以有效分析客户的需求，转换成功率也比较高。

线下引流的方式有很多，比较传统的一种是发传单，但这种方式的弊端也很明显，比如速度慢、转换成功率低等。随着时代的改变，线下引流的方式也在逐渐变化，比如将产品做到线下化，让客户能亲身体验产品的效果，或者举办一些活动让客户参与其中，最后鼓励客户将活动分享到朋友圈并向其赠送一份礼品。这样客户既获得了需求上的满足，又获得了心理上的满足，就很可能转换为真实的消费者。事实证明，这种线下引流的方式不仅速度快，转换成功率也更高。

## 线上流量转线下交易

线上的优势为销售带来了丰富的客户流量，但由于在互联网上，人们彼此“知人知面不知心”，双方很难在线上完全了解和信任对方，这是传统销售在线上无法快速成交的主要原因，也是销售需要把线上流量变为线下流量的原因。当完成这种转变，双方坐在一起面对面交流时，才能实现对对方的进一步了解。

对于客户来说，他要判断实际中的销售人员与其网上专业、能干的形象是否相符，也就是销售和销售背后的企业是否有能力解决自己的问题。这是双方能否继续沟通，并最终实现成交的基础。另外，还存在某些行业的产品要现场验货的情形，最常见的就是一些大型器械，如各种机床、挖掘机、汽车等。

对于销售人员来说，面对线上转线下的客户时，也是展现个人魅力的时机。因为当一个客户愿意来线下沟通，就说明对方对销售人员已经有了基本信任，成交的概率非常高。当然，概率高不等于一定能成交，因为很多客户在线上交流时并不会很坦诚，还有很多信息是销售人员没掌握的，而这些信息也关系到最后能否成交。

> 举个例子，当一位二手房销售人员约见一位客户时，销售人员掌握的信息最多就是客户能接受的价格、房子大小和小区的地理位置等，但具体到细节，比如客户喜欢什么户型、对某小区的整体感受如何、小区周围的基础设施能否达到客户预期等，销售人员无法提前得知这些内容，需要在现场沟通时慢慢从客户口中获取，而这才是决定客户是否愿意成交的关键。

因此，在现场沟通时，销售人员除了表现出最基本的素养外，还要从现有信息出发，将线上的知识点进行延伸，突出表现企业的产品或服务，以迎合客户的痛点。简而言之，就是要把线上的专业形象搬到线下，围绕实际情况再次用个人魅力征服客户，进而达成交易。

总而言之，生活在流量时代，销售人员想要获得源源不断的客户流量，就要善于寻找和利用流量，再通过线上转线下的方式将客户流量转化为有效客户，实现与客户的快速成交。

# 左手社交，右手成交

互联网的发展，使人们的社交方式发生了极大改变，它打破了时间与地域的限制，拉近了人与人之间的距离。这一点正好契合了销售工作的需要。在这种情况下，销售人员就可以利用各种社交软件，如微信、QQ 等，聚拢起一大批有意向的客户。即使在一段时间内，他们中的大部分不会成为有效客户，可当这些“群友”有实际需求时，也会第一时间找到自己的“群主”，也就是这名销售。这样有明确需求的客户，交流起来也很容易，可以实现快速成交。我们就将这种以人为本，同时借助社交工具进行交易的模式称为社交新零售。

提及当今社会中最具竞争力、最具流量的销售职业，可能非直播销售莫属了，这也是社交新零售典型的销售模式之一。直播是以一种“面对面”的模式，将产品的优势、价格、市场竞争力等参数和指标直接介绍给手机前面的客户，而客户也能在观看的过程中，将自己的疑问和意见以弹幕的形式与主播交流，双方通过沟通实现彼此信任，然后达成交易。与传统销售方式相比，这种直播销售最大的优势就在于成交速度快。

比如，李佳琦在直播过程中用一句简单的“OMG，买它”，就能吸引无数观众疯狂购买。2020 年 1 月 5 日，某火腿品牌与李佳琦合作，李佳琦在直播间销售该品牌的火腿，当晚的直播累计观看人数高达 1 677 万。在李佳琦的助力下，该品牌的火腿在短短 5 分钟内就卖掉超过 10 万包，仅仅一晚上的销售额就突破 300 万元。而且只依靠李佳琦的 5 分钟直播，该品牌火腿第二天的股价便直接涨停，而且势头一直延续到第三天。两个交易日内，该公司的股价大涨 12.77%，市值也随之水涨船高，增长了 7 亿元。

这就是社交销售带来的巨变，同时也将社交销售的速度体现得淋漓尽致。当然，李佳琦是直播销售领域的佼佼者，他的能力和影响力是普通销售人员难以企及的。但是，李佳琦的成功却充分体现了社交销售的巨大潜力，而普通销售人员也可以在自己的小圈子里经营自己的影响力，通过小范围的社交销售实现快速成交，具体的经营技巧如图 6–6 所示。

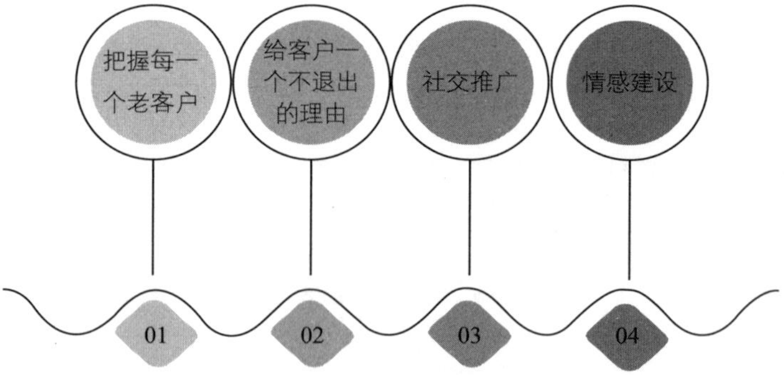


图 6–6　社交销售经营技巧

## 把握每一个老客户

在阿里巴巴，不论是资深的老销售员，还是新入职的年轻销售员，都会十分注重老客户。阿里巴巴内部统计数据显示，通过老客户转介绍的新客户，成功率远远高于一般的客户。而且，在老客户口口相传的过程中，也形成了阿里巴巴良好的口碑，这也使得更多的客户愿意和阿里巴巴合作，进而在某个行业形成规模效应，从而使阿里巴巴、销售人员和客户之间形成一个“三赢”的局面。

我在阿里巴巴任职时，也曾经思考过，为什么老客户转介绍的新客户的成交率会更高呢？其实原因很简单，当客户购买了阿里巴巴的产品或服务后，阿里巴巴的销售依然会提供热情的服务，当客户遇到各种疑难问题时，只要能解决，阿里巴巴的销售总是义不容辞，第一时间给予解决。这种工作态度就给客户留下了深刻的印象。因此，当这些老客户的圈子里有朋友遇到同样的问题时，他们当然愿意第一时间推荐阿里巴巴。因为是朋友关系，转介绍的客户对于阿里巴巴销售的抵抗心理就会减弱，成交率自然也就提高了。

## 给客户一个不退出的理由

前文我们强调，销售人员也要在自己的小圈子里经营自己的影响力。这里所说的“小圈子”，可以是微信群、QQ 群等任意形式的社群。这就涉及一个问题：客户为什么要留在销售的小圈子里呢？客户愿意和销售人员继续保持联系，无非是能从销售人员那里得到某些收益，这些收益可以是物质的，也可以是精神的。因此，销售人员在经营自己的小圈子时，就要给客户一个不会退出的理由，具体理由因行业、领域而异，大家可以参考以下两种方式。

（1）干货分享。即传授某行业、领域内的一些干货，让大家能从中学习一些有用的知识、技巧等。

以化妆品行业为例，由于化妆品的种类、品牌繁多，如何搭配，如何针对某些皮肤问题选用产品，都需要人们进行深入研究，但大部分人很少花时间研究。因此，当销售人员把自己的研究心得、选用或搭配方法等分享给客户时，就能抓住客户的注意力，让客户对这个社群更加依赖。

在分享心得时需要注意，分享一定要循序渐进，不能一股脑儿全部分享出去，因为销售自己研究这些经验需要时间，客户验证这些心得同样需要时间。只有一点一滴地分享给“群友”，才能把心得的价值最大化，从而更加长久地抓住客户。

（2）群内福利。这是一种很简单、很直接的方法，但也是一种很有效的方法。销售人员要明白的是，群内有很大一部分人并不是真正的客户，他们只是为了学到一点儿干货才留在群里。因此，销售人员在群内发放福利时，一定要把这些人变成真正的客户，也就是要有足够的诱惑力让他们愿意出钱购买产品，这才是销售经营一个小圈子的最终目的。

## 社交推广

在移动互联网时代，信息的传播速度无比迅速，而销售人员就要学会利用互联网的这一特性，实现自己的销售目的。社交推广其实就是一种另类广告，与传统纸媒体、电视媒体的传播方式相比，社交领域内的传播更为直接、有效，且更加迅速。

> 最常见的方式就是集赞或转发有奖，比如一些线下实体店通过集赞促销的方式传播品牌形象，当赞数超过规定的数额时，就给予客户某些折扣或一定的优惠福利，这就能促使客户心甘情愿地传播。

这种传播方式的优势在于，集赞的对象都是客户圈子内的人，而这些人大概率也都是客户生活圈子里的人。换句话说，这些圈子位于商家服务涵盖的范围，所以他们完全有可能成为潜在客户。

## 情感建设

社交销售与传统销售的本质是一样的，简单来说，就是真正做到“以客户为中心”。实际上，无论哪一种销售模式，都必须获得客户的认可和信任，才能让客户从口袋里掏钱。尤其是在网络上，见不到真人，客户的防御心理会更重，也就更需要销售人员多用真心、多用感情，才能打动客户。

> 以各种线上社群为例，在日常生活中，销售人员可以多与群友交流一些其他话题，如时政、明星八卦等热门事件，或者行业内的相关问题等，而不应该只专注于产品销售。如果每天都发很多广告，人们会感到厌烦。

社交应用的产生，确实为销售提供了多种寻找客户、接近客户的渠道，但不论技术如何发展、如何进步，销售的本质都不会改变，都需要建立在为客户提供价值和利益的基础上。有人的地方就有社交，从一定程度上来说，销售本身也是一种社交行为，真正优秀的销售人员知道如何在社交中不知不觉地完成交易，真正做到左手社交、右手成交。

# 三秒建立线上成交信任体系

在所有交易中，信任都是成交的基础。只有当客户信任你，才会愿意为你推荐的产品或服务买单。

上海微原那科技有限公司的 CEO 朱中域曾在一次分享会上讲了一个故事。某个销售团队成员共有 20 多人，团队领导是一位 90 后，而这个团队却实现了年销售流水 8 000 多万元。他们的操作方法很简单，即利用 100 多个个人微信号给有需要的客户提供住房信息。比如你去上海出差，他们就给你发一份上海的酒店清单，你可以直接在微信上选择心仪的酒店。而与比较有名气的携程相比，他们的突出之处在于除了价格外，还会提供免费的早餐券或者其他优惠福利。

此外，他们还会为每个客户提供一对一的精致化服务，免去了在平台上买票、退票的烦琐手续。通过这些服务的加持，这个团队客户的复购率高达 80%。

一个 20 多人的小团队能完成年流水 8 000 多万元、复购率 80% 的成绩，相信很多人都感到不可思议，他们的秘诀是什么？其实很简单，就是客户的信任。无数案例告诉我们，只要你能获取客户的“芳心”，成交就不是难题。

当然，获取客户的“芳心”也不是一件容易的事。很多时候，我们失去一位客户往往只是一瞬间的事，但要获得一位客户却需要长久的努力。互联网的发展一方面为销售人员提供了更多的机会，让销售人员能够从上面获取更多的信息，与更多的客户建立连接；而另一方面，它也给销售人员带来了巨大的挑战，因为互联网使人们的选择力得到了充分释放，想在众多竞争者中脱颖而出，我们就必须学会在第一时间内吸引客户的注意力，与客户建立信任关系。

为了让大家更快、更准确地吸引客户的注意力，我和大家分享一个三秒建立线上成交信任体系的方法（见图 6–7）。

图 6–7　三秒建立线上信任体系

## 名称

千万不要小看了名称的重要性，在线上销售领域，一个响亮好听的名字是客户对你的第一认知。它不仅能吸引客户的注意力，还能起到对外宣传的作用。因此，取什么样的网名、是否用真名等有很多讲究。

其中，最常用的方式就是“公司名称 + 职位 + 真名”、“职业职位 + 真名”或“公司 + 真名”的模式。比如“× × 房产公司销售顾问张小丽”“二手房销售顾问王勇”“× × 文体传播有限公司李小明”。

相较于一般的网名，真名更加严肃、认真，在客户的心目中也能树立更加专业的形象，而且真名还能带给客户安全感，这是网名办不到的。因此，很多时候直接将自己的名字作为网名也是一个不错的选择。而在名字前面加上公司名称、职业、职位等，是为了让客户一眼就知道你属于哪家公司、是做什么的，以便有需要时能第一时间找到你。当然，如果有必要，你还可以把自己的手机号放在名字后边，方便客户电话联系。

要注意的是，并非所有行业都适合用真名，比如淘宝上的服饰店，一个响亮的店铺名就比用真名更能吸引客户，也能潜移默化地影响客户心智，让客户记住你的店铺名称。

另外，你所取的名字还要符合行业特性，不要有太大的反差感，也不能为了博取客户的眼球起一些稀奇古怪的名字，这些都是舍本逐末，只会降低客户的好感度。

## 头像

与名字相比，头像会给客户留下更直接的印象，所以选择头像时一定要慎重，既要符合行业特性，又要符合销售的职业身份。

以二手房、中介销售为例，房屋的买卖属于大资金交易，客户的防御心理较强，交流过程也会比较漫长。因此，在选用头像时，最好选择可以展现自己专业性、可信度的头像，以自己的正装照为最佳选择。这样的照片能向客户传达一种重视、专注的态度，同时也能衬托销售人员的能力，降低客户的防御心理，缩短交流过程，加快成交。

如果是一家母婴用品店，就不适合用正装照了。因为母婴用品店的主色调应以暖色为主，向客户传达一种温暖、安全、舒适之感。最重要的是，你的头像必须让客户感受到母亲与孩子之间浓浓的爱意，所以以母亲与孩子的照片为最佳选择。

照片在销售关系中的作用，就相当于人际交往之间着装、妆容的作用，因此除了上述专业、主色调等要求之外，还要清晰、干净、积极向上，这也是一个销售人员应具备的基本职业素养。一个模糊、负能量、邋遢的头像肯定无法得到他人的认可，在销售过程中更是如此。

## 签名

签名一般只是简单的一句话，最多不超过 30 个字。话语虽短，但其中却蕴含着大量的信息。客户往往能通过销售人员的一句签名感受对方的性格、经历和生活态度等，然后在心里勾画出一幅销售人员的立体画像。如果说名字、头像等是这幅画的表象，那么签名就是画像的内涵、气质、神态，其重要程度可想而知。

以花草商店为例，花草属于绿色装饰品，目的是改善居家环境，为家庭增添一抹新鲜色调。因此，销售人员的签名也应该向客户传达这种感受，两相契合，就能抓住客户的购买欲望。同时，花草代表着生机，展现着旺盛的生命力，签名也应该具备这些积极、阳光的特性。

如果是一名金融机构的销售人员，签名就应体现稳重、成熟的风格。同时，因为行业的特殊性，签名还应该避免出现“跌”“下降”等词语或含义，避免客户产生厌烦、抵触等心理。

如果因为职业特殊，找不到符合行业的签名，我建议你以销售自身为主，写一些积极向上、追求卓越的诗句，如“天行健，君子以自强不息”等。

## 朋友圈

对于现代人来说，朋友圈几乎已成为我们生活的一部分，大家每天都会看一看、刷一刷。对于销售人员来说，朋友圈更称得上社交销售中最重要的工具之一。销售人员既可以利用朋友圈向客户展现工作能力、态度，也能跟客户分享成功案例等，这些都能打动客户，获取客户的信任。

当然，要想实现有效销售，重点还要看销售方式。很多销售人员喜欢在朋友圈中不断地发广告，这就很容易引起客户反感，甚至会直接将销售人员拉黑，机会也随之消失。

因此，如何利用好朋友圈，才是决定朋友圈是否能实现销售的关键。在我看来，朋友圈的作用是引起客户注意，让客户知道销售具体的行业，在客户心里留下一个印象，而不是企图占据客户的生活。平时可以发一些工作照片，或分享一些工作过程中遇到的有趣的客户、有趣的事等，或者分享一些行业干货、技巧等，这些都能引起客户的关注，而不是厌烦，这样适度地起到提醒客户的目的就足够了。

总之，朋友圈的内容就是让客户点进来看一下后，就能明白你所处的行业、所销售的产品、所具备的能力和技巧等，让客户能在三秒内了解你的工作内容，你就能给客户留下一个好印象。

因此，在社交销售中，不论是名称、头像，还是签名、朋友圈，销售用心编辑这些内容的目的只有一个：通过生活和工作的一些方面向客户全面展示自己，以期获取客户的关注、认可和信任。当你获取客户的信任后，快速成交就不再是一件难事了。

# 产品文案怎样写更容易成交

所谓文案，简单来说就是一段描述产品价值、特色、用处的文字，其目的是向客户展现产品或服务最有价值的一面，增加客户对产品或服务的认知，占领客户的心智，进而快速达成交易。与图片和视频相比，用文字展现产品或服务的价值往往更加直接、有效。

文案通常只是很短的一句话，很少有长篇大论的，这也是文案最具难度的一点。不管哪个行业、领域，公司的主打产品至少都要有几个能吸引客户的闪光点，或者比同行同类产品更突出的几个优势，而要把这些闪光点、优势集中浓缩到一句话的几个字里，难度可想而知。

> “充电 5 分钟，通话两小时。”这句文案可谓妇孺皆知，短短的 10 个字，就把 OPPO 手机主打的闪充技术突显得淋漓尽致。更可贵的是，这 10 个字读起来朗朗上口，甚至略显诙谐幽默，洗脑能力无比强大，因此也很快占领了消费者的心智。
>
> OPPO 的兄弟品牌 vivo 同样有一句十分经典的文案：“逆光也清晰，照亮你的美。”它把 vivo 主打的拍照技术、手机的特色等转换成了一句通俗易懂的文字，即使消费者没有相关领域的知

识储备，也能理解手机的主打功能。

将产品最大的特色用最短的文字传达给客户，就是产品文案最大的作用。以上两个文案就是典型的案例。至于如何才能写出一个好文案，我认为有以下 4 个技巧（见图 6–8）。

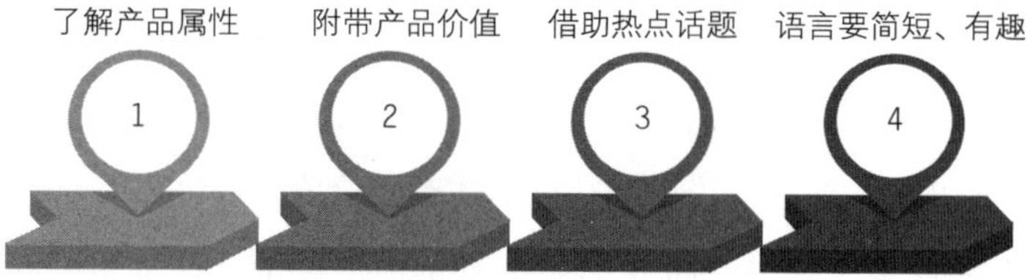


图 6–8　写好产品文案的 4 个技巧

## 了解产品属性

无论采用哪种宣传手段，最终的目的都是快速成交，完成产品的销售。文案的重点就是运用少量词句突出产品的特色，所以深刻解读产品属性就是写好文案的第一步。

以化妆品为例。不同的化妆品有功效、原材料、产地、品牌、价格等差异，而每一种差异又可以有针对性地满足有不同需求的客户。如“一颗向上的心，不该有下垂的皱纹”，面向的是有去皱需求的客户；“护好你的唇，吻到对的人”，显然是唇膏或口红的文案；“有我，年轻，不怕晒”，针对的则是有防晒需求的消费者。

这些销售人员之所以能写出如此优秀的文案，就在于其产品的功能有针对性，而销售人员深刻地理解并抓住了其中的精髓。由此也可以看出，虽然不同的领域会销售不同的产品，但其本质是不会改变的，即抓住产品属性，挖掘产品的主要卖点，以此写出有针对性的文案。

## 附带产品价值

写产品文案时，在理解产品价值的基础上，接下来就要阐述产品能为客户带来的实际价值，这也是激发消费者购买欲望最重要的一个点。直截了当地说明产品的作用和价值，也是吸引客户的撒手锏。

比如销售人员在向客户介绍房屋时，最简单也最常见的方法就是介绍房屋的大小、户型、价格等，这些可以算是一个合格的文案，但绝对不是一个优秀的文案。如果把这些介绍转变为价值的传递，效果就会好很多。比如在一线城市中，强调房屋所在小区离地铁近、便利店多、年轻人多等，这样的文案就会更吸引在写字楼上班的白领。

当然，针对不同的群体，销售人员一定要找出最适合客户的价值。同样一件商品，面对不同的客户，往往也会产生不同的价值，关键就在于你怎样洞悉客户的真实需求和产品的各种属性。当遇到瓶颈时，不妨换个角度思考，也许就能找到两者的契合点。

## 借助热点话题

人们对于各种热点事件往往会给予更多关注，因此，在策划销售文案时，我们也可以适当借助一些热点事件实现引流。

> 2020 年 4 月 8 日，在经历了 70 多天的抗“疫”战争之后，武汉终于解封，全国各地开始稳步复工。这时，很多产品的文案都出现了与复工相关的内容，如“春暖花开，我们终于可以走出屋子拥抱世界；灾难过后，我们更应该学会珍惜生活。珍爱自己，复工在即，我们只想给你最好的，××电动车，让出行更安全”。

## 语言要简短、有趣

在生活节奏日益加快的今天，学会抢占人们的碎片时间是每个销售人员都应该学会的技巧，所以销售文案应尽量以简短、有趣为主，既要让人们在最短的时间看完，也要吸引人们的注意力。比如，借助一些自嘲语句或一个幽默风趣的段子，为客户创造一种轻松愉悦的氛围，让客户在微笑中记住你和你的产品。

最后，我再和大家分享一个高转化率的万能文案公式：

成交 = 引起注意 + 诱发兴趣 + 刺激欲望 + 促成购买

你对这个公式是不是有些熟悉？的确，这里应用的就是我们在前文提到的 AIDA 法则的几个要素。那么我们怎样将这几个要素应用到文案中呢？

首先，开头就要引起客户注意，可以从一些客户比较关注的痛点入手，借助反问的形式吸引客户。

比如："你是否还在为找不到客户、不知如何和客户交流而苦恼？"

或者："怎样才能迅速搞定每一个意向客户，让你的业绩实现10倍暴增？"

这些问题都能引起客户的关注，之后，我们再说一些能让客户感兴趣的点，此时就可以借助一些具体事例激发客户的好奇心。

比如："3个月时间，销售新手实现月过5万；半年时间，完成团队业绩，实现从倒数第一向冠军团队的跳跃……这不是传说，而是事实！快速成交营销思维＋方法＋实操，32节干货课程，对于日常销售中遇到的问题和疑惑，在这里，你都可以找到答案。"

看到这里，客户通常会想："这么厉害，他们到底是怎么做的？"由此也产生了继续了解的兴趣。这时，我们就开始介绍产品的优势以及能为客户创造的价值，进行信任背书，以此激发客户的购物欲望。

比如："本课程由著名销售专家××老师主讲，××老师曾经担任×××，拥有30年从业经验……××老师的课程是我听过的所有销售课程中最实用、对我帮助最大的。他提供的方法非常接地气。"

当客户有了购买欲后，我们就要适当推动客户做出购买决定。这时你可以根据一些优惠措施制造紧迫感，刺激客户完成购买。

> 比如："原价660元的课程，现在购买只需要39.9元，机会难得，不容错过。"

以上就是利用AIDA法则创造的万能成交文案。好的文案省时又省力，能够在第一时间向客户传达我们要表达的信息，走进客户的内心，帮助我们自动获取客户，是实现快速成交的有效工具。而下笔如有神的前提，建立在读书破万卷的基础上，同样，要想写出让人心动的销售文案，最高效的方法就是多加练习。

# 第七章
# 真正的销售始于售后

对于销售人员来说，除了要积极开发新客户，老客户的维护同样不能忽视。一方面，从成本角度来讲，维护一名老客户的成本要远远低于开发一名新客户的成本；另一方面，培养一批忠实的老客户还可借助口碑的力量为自己带来更多的优质客户。而老客户的维护离不开优质的售后服务。销售本来就是一个循环的过程，只有开始，没有结束。一场交易的结束，往往也是另一场交易的开始。

# 建立良好的售后服务体系

时代在变，销售的理念也在变。在产品匮乏的时代，销售活动都是以产品为中心的，强调如何将产品销售出去。到了消费需求日益多元化、人们消费选择权被充分释放的今天，销售活动已逐渐从以产品为中心转变为以人为中心，强调如何与客户建立长久联系，或让客户参与产品的设计、升级。这时，销售已经由过去的单向一次交易活动演变为一个连续的活动过程。这个过程只有起点，没有终点。要知道，一个客户的价值远不止他与我们进行一次交易带来的利润，而是其终身所能创造的价值总和，即：

客户终身价值＝历史价值＋当前价值＋潜在价值

其中，历史价值指已经实现的客户价值；当前价值则指在某种条件不变的情况下，还能够产生的客户价值；潜在价值是指客户能为我们带来的额外价值，包括在建立客户忠诚度后，我们可以向客户推销其他相关产品，或鼓励客户自主为我们的产品进行传播，为我们吸引更多的潜在客户。

想要进一步挖掘客户的潜在价值，我们就要在产品成交后继续向客户提供服务，了解客户在产品使用过程中遇到的问题，虚心听取客户的建议，通过相应的售后服务努力维持与客户的关系，尝试将现有客户转变为忠实客户。而良好的售后服务既能更好地维护老客户，也能适当吸引一些新客户的关注。只要能让客户真正满意，客户就一定会重复消费，并主动充当产品代言人，将产品推销给其他潜在客户。从这个角度来说，成交就不是一场交易的终止，而是很多交易的开始。那么，我们应该如何建立良好的售后服务体系呢？在售后服务阶段，我认为应该坚持以下 4 个原则。

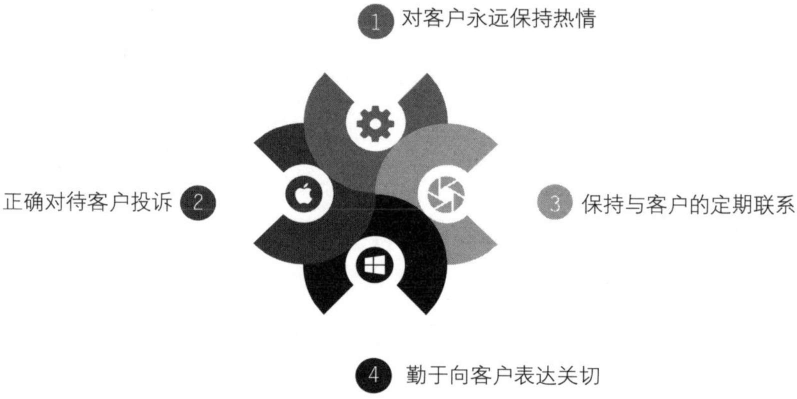


**图 7-1　售后服务要点**

## 对客户永远保持热情

售后服务的表现方式多种多样，但通常可分为两种，一是售后使用指导和回访，二是解决客户在产品使用过程中遇到的问题，并对客户的相应疑惑进行解答。

售后服务是一项非常考验耐心的工作，在服务过程中，要始终坚持以热情的态度面对客户，不能对客户表现出任何不耐烦。当客户带有不满情绪时，我们要给予正确引导。对于客户提出的疑问，无论是产品使用方法、产品细节，还是使用过程中遇到的问题，我们都要及时给予反馈，并积极寻找原因和解决办法，再用通俗易懂的语言向客户解释，使售后服务做到快捷、专业、及时。

## 正确对待客户投诉

在面对客户投诉时，我们首先要树立正确的态度。相关研究表明，一个遇到问题而获得满意解决方案的投诉者，往往比对产品没有任何意见的客户更容易对产品保持忠诚。

其次，客户投诉的问题极有可能就是产品或服务的不足之处，正是需要我们改进的地方。合理利用这些宝贵的资源，对于产品或服务的改进和优化将大有帮助，同时也能获得更多的忠诚客户。

因此，当面对客户投诉时，我们一定不能找借口，更不能用各种借口拖延，否则会直接伤害客户的感情，导致客户流失。

有人会问："如果问题或责任不在我们，该怎么处理呢？"

当问题或责任不明晰，客户情绪又非常激动时，我们也可以适当采取休克疗法，即给客户一定的缓冲时间，先让客户冷静下来，再帮助客户逐渐认识自身存在的问题，然后通过协商找到一个让双方都能接受的解决方案。

要注意的是，任何时候都不要和客户发生正面冲突，因为一旦出现冲突，输的一定是销售人员。即使我们在冲突中占了上风，也会彻底失去这个客户，这就完全违背了售后服务的初衷——"留客"。所以，我们应该把每一次客户投诉当成机会，而不能将其视为危险。客户投诉恰恰说明了客户正在使用我们的产品，而且非常关注体验和效果，我们不仅要认可和接纳这种行为，还要表扬这种行为，让客户参与产品的改善和服务的优化，从而与客户建立感情联结，为转介绍客户打下情感基础。

## 保持与客户的定期联系

除了帮助客户答疑解惑外，售后服务还有一个重要目标，就是和客户建立联系，让客户参与产品的改善与更新迭代。企业文化与战略专家陈春花说过："当客户可以全程参与价值链的所有环节时，客户和企业之间就形成了相互依存的关系，通过与客户之间的共同创造，企业可以更加充分地理解客户及其趋势的变化，客户能够根据自己的观点和需求，指导企业为他们创造价值，从而达成资源的合理有效利用。"要让客户参与产品的改善，在客户需求基础上进行创新，关键就在于随时与客户保持联系。

我们可以根据客户的重要性、与客户的熟悉程度等因素，确定相应的联系频率和方式。越重要的客户，联系就应越频繁，联系方式也要多种多样，比如给客户打电话、发邮件、发短信，也可以在重要节日寄贺卡、登门拜访等。

比如，我们在春节、客户生日等重要节日，可以为客户寄一张贺卡，或发送一个祝福短信。还可以定期举办一些回馈客户活动，热情邀请老客户参加。在国家政策发生某些变化，或公司推出一些新的产品和服务时，也可以和客户进行沟通，让客户了解行业或企业的最新动态……

定期和不定期与客户联系是一种非常重要的销售行为，其最大的价值就是占领客户的心智和训练客户的思维体系。就像王老吉的广告语“怕上火，喝王老吉”一样，这句广告语就牢牢地占领了客户的心智，只要有上火表征，客户首先想到的就是王老吉。“做外贸，找客户，就上阿里巴巴”，这是阿里巴巴早期在推广中国供应商时使用的一句标语：一方面，对现有客户，要让他们认可自己的选择，建立一种买对了的概念，增加客户的自我效能；另一方面，也提醒潜在的外贸客户，做外贸你只能找阿里巴巴。

对客户的思维体系进行训练，也是我们区隔竞争对手的有效策略。在这个过程中，我们努力让客户感受阿里巴巴服务体系的专业和贴心，让客户自动对比其他竞争对手的服务体系。这样就通过服务体系建立了准入门槛和对比机制，有效隔离了竞争对手对客户的吸引力。

## 勤于向客户表达关切

对客户表示关切非常简单，一句贴心的问候、一个善意的眼神，都能让客户感受到你的关切，从而对你产生好感。同时，我们对客户的动态也要随时保持关注，当客户遇到一些困难或问题时，适当给予帮助或解答。

比如，当客户情绪低落时，我们可以适当给予鼓励；当客户遇到升职加薪、孩子升学等喜事时，我们可以送上祝福；当客户遇到一些困难时，我们也可以为其提供力所能及的帮助……

总之，我们要通过各种服务让客户感受我们在关注、关心他们。很多时候，售后服务的过程就是一个经营人与人之间关系的过程，只要付出，就会有回报。只要我们能为客户提供更多的价值，带来更多的良好体验，那么客户也一定会回馈给我们期望的结果。

# 每款产品都有超级用户

2017 年，在罗辑思维跨年演讲中，创始人罗振宇提到“超级用户”这个概念，由此引发了众多企业和品牌对于超级用户的思考。

那么什么是超级用户呢？相关数据显示，京东 PLUS 会员年消费额是非会员的 9 倍；亚马逊 Prime 会员每年比非会员多消费 600 美元……也就是说，企业 20% 的客户为企业贡献了 60% 的销售收入和 80% 的利润，这 20% 的客户就是企业的超级用户。

“超级用户”一词出自全球知名市场调研公司尼尔森旗下剑桥集团高管艾迪 · 尹所著《超级用户：低成本、持续获客手段与盈利战略》一书，指在特定时间范围内，已经产生巨大客户价值并愿意持续消费或推荐其他潜在客户的客户。

在日常生活中，很多人可能都有自己特别信赖的品牌或产品，虽然他们只是这些品牌或产品客户中的极少的一部分，只占总用户的 10% ~ 20%，但他们却能将产品销量拉升 30% ~ 70%。

超级用户不能简单地理解为 VIP 用户，因为他们不仅是产品利润的主要创造者，还是产品专家。除了心甘情愿地为产品付费，他们还愿意在产品的开发和研究上花费大量精力，对产品有非常深刻的感情。

与普通用户相比，他们可以在产品上找到更多价值，也愿意购买更多的产品，并能通过各种方式影响其他用户，更好地激发用户需求，为产品吸引更多的购买者。

简单来说，我们可以将超级用户理解为产品的铁杆粉丝，也就是平时常说的“死忠粉”。超级用户数量虽然有限，但他们对产品的销售有极大影响。为此，销售人员应努力塑造并运营超级用户，促使他们为企业创造最大的价值和效益。

## 超级用户画像

塑造并运营超级用户的第一步就是对超级用户有明确的认知。对于产品而言，超级用户既是高价值用户，也是高净值用户，更是高传播客户（见图 7–2）。

图 7–2　超级用户三维画像

（1）高价值用户。高价值用户就是愿意为产品付费的用户。比如，一位用户的月可支配收入为 6 000 元，而在你的平台或品牌上的消费高达 5 000 元，那么就说明他对你的平台或品牌具有较强的依赖性，他就是你的高价值用户。

（2）高净值用户。高净值用户指那些具有足够消费潜力的用户。比如，一位用户月可支配收入为10 000元，超过你的平台或品牌的80%的客户，那么这个用户就是你的平台或品牌的高净值用户。

（3）高传播用户。高传播用户是指可以影响其他人，为平台或品牌带来更多用户的用户。比如，一位消费者月可支配收入虽然只有1 000元，但他却能为你的平台或品牌做推广，而且他在某个圈子内具有一定的影响力，可能拥有几万甚至几十万的粉丝。在他的影响下，你的产品的销量增加了，那么他就是高传播用户。

## 从流量运营提升到客户运营

流量运营是指关注个体尤其是头部超级用户，积极挖掘这部分用户的需求，然后为他们制订个性化的运营方案，并认真执行。在超级用户运营过程中，销售人员不能单纯将目光放在客户数量的增长上，因为客户不是流量，我们不能用流量运营的思维运营客户。客户的需求不断变化，所以客户运营的关键是发现并持续满足客户成长过程中需求的变化，要给予客户足够的成就感和获得感。

> 比如，许多品牌店都设有专门的会员俱乐部系统，根据客户的消费记录对客户进行不同的等级划分，而不同等级的客户会享受不同的特权，消费记录越多、消费额越高，享受到的特权和待遇就越多，这样就能使客户的获得感得到持续增加。

## 从产品运营到客户体验

以前，销售的核心是产品，“客户就是上帝”在很多时候就是一句空话。今天，销售模式已经完全发生改变，企业必须真正做到以客户需求为核心，只有多维度、多角度地为客户创造良好的体验，有效增加客户在消费和使用产品过程中的愉悦感，才能不断刺激客户的消费欲望，使客户对产品和品牌保持好感。

## 从渠道管理上升到场景管理

以往的销售讲究渠道为王，只要管理好渠道，不愁产品卖不掉。现在，这种销售模式已经行不通了，企业必须先全面具体地了解客户需求，再结合产品功能，解构特定的客户场景，也就是客户使用产品的情景，模拟现实客户的操作和交互方式，然后对场景进行管理和运营，这才是超级用户运营工作中的重点。

## 从竞争视角到渗透视角

在公开透明的竞争环境下，我们要尽可能地将运营理论和方式渗透到更多的潜在超级用户当中，以此提升成本的投入产出比。比如，有人喜欢听摇滚音乐，有人喜欢穿汉服，有人喜欢吃甜食……每个人都有自己的爱好，特别是在消费需求日益多元化的今天，几乎每款产品都可以拥有属于自己的超级用户。在这种情势下，销售人员要做的就是在正确找到并培养超级用户后，通过适当的售后服务管理为其持续提供价值，以此维系超级用户和产品之间的关系，争取更多的成交机会。

# 提升客户忠诚度的关键因素

我们经常听到销售人员抱怨：花费了很长时间和精力才争取来的客户，却在一次交易后没有下文了；和自己合作很长时间的老客户，突然跑到自己的竞争对手那边了；要跟客户建立长期合作关系实在太难了……为什么会出现这些问题？相信这是很多销售人员都感到疑惑的地方。其实，这是非常正常的现象，因为在商业社会里，从来就没有永远忠诚的客户。要想与客户建立长久的合作关系，企业就必须提升客户的忠诚度。

客户忠诚度理论出现于20世纪中后期，是建立在70年代企业形象设计理论和80年代客户满意理论之上的，它要求企业时刻关注客户的需求和期望，有效地预防和处理客户的不满，让客户获得较高的满意度，从而与客户建立一种相互信任、长期合作的关系，使客户对企业或产品保持忠诚。这种状态也被称为客户黏性。客户只有出于对某一品牌、某一产品或服务的好感和信任，才会自愿为产品宣传和重复购买。

不过，客户很难对任何一个品牌或一种产品永远保持忠诚，因为企业与客户之间的合作建立在一定的基础上，即企业的产品或服务能为客户带来一定的价值。一旦这个基础被打破，客户就会流失，转而与能为他们提供更优质的产品、更优质的服务和更优惠的价格的企业合作。

这也向销售人员提出了较高的要求，要想提升客户的忠诚度，就必须时刻关注客户需求的变化，努力满足客户不同时期的需求，使客户对企业的产品或服务产生喜爱和依恋之情。当客户对企业的产品或服务在情感、行为和意识上产生忠诚后，才有可能成为真正的忠诚客户（见图 7–3）。

**图 7–3　客户忠诚的三个方面**

（1）情感忠诚。情感忠诚建立在“好感”“偏爱”等情感基础上，这要求企业产品在理念、行为或视觉形象等方面高度符合客户的要求，获得客户的认可。态度支配购买决策，当客户发自内心地喜欢某种产品时，自然会心甘情愿地为其付费，甚至会爱屋及乌地购买与该产品相关的其他产品。

> 比如，对辣椒酱“老干妈”具有情感忠诚的客户，当“老干妈”推出其他产品时，一般也会非常愿意购买。比如售价 120 美

元的“老干妈联名款卫衣”，一经推出便受到“老干妈”粉丝的疯狂抢购，甚至有人公开在网上求购二手商品。

再如，2017 年 11 月 11 日，为配合双十一活动，百雀羚和故宫文化珠宝首席顾问钟华合作，成功推出了“百雀羚 × 钟华特制宫廷风礼盒”，引发一众粉丝追捧。故宫是我国规模最大的宫殿建筑，也是中华五千年文明的最好见证，而百雀羚也是一个非常知名的美容国货品牌，这次宫廷风礼盒的设计就巧妙地将故宫和化妆品牌两个看似毫不相关的东西结合在一起，通过具有年代感的元素勾起客户的回忆与情感，彰显中国传统文化，从而提升客户对品牌的好感度，增加购买欲，建立情感忠诚。

（2）行为忠诚。行为忠诚可以理解为客户在使用某一品牌的产品或服务后逐渐形成习惯，一旦更换其他品牌的产品或服务就会产生很高的成本，所以就会对某个品牌的产品或服务产生行为依赖。企业应抓住客户的这种心理和行为，逐步与客户建立牢固的关系。

这种情况在汽车行业体现得尤为明显，各个汽车品牌之间的内饰风格、刹车反应速度等都有非常大的差异。汽车商家也深谙此道，所以便将这一行为成功地运用到实际营销活动中。如果你是一位宝马车主，宝马品牌商和 4S 店就会通过一系列活动和资讯增加你和品牌的情感关联，甚至会邀请你的朋友一起参加品牌活动，如试驾，甚至年度答谢会。如果你介绍的新客户成交了，4S 店还会赠送一些服务，如免费保养、洗车服务，或者相关的汽车用品等。当你想换车时，4S 店又会用比市场价格高一点的价格回收你的旧车，再折算到新车的购车款中，这样就成功地留住了客户，而客户也省去了重新习惯其他品牌汽车的驾驶等麻烦。

（3）意识忠诚。意识忠诚往往建立在认知忠诚的基础上，是客户对产品功能及性价比等信息进行综合考量后而产生的。通常来说，意识忠诚的客户会通过各种方法对产品进行仔细研究，对于产品的优劣也了然于心，然后结合各种元素及自己的需求，最终选择一款最符合自己认知的产品，从而形成忠诚的购买行为。

从心理学角度来讲，意识忠诚的客户是产品或公司的理念和客户的个人价值观完美吻合的典型代表。

日本汽车品牌雷克萨斯代表豪华，为突出这一主题，在设计风格上，雷克萨斯的所有车型都独具匠心，力求借助精密的加工和顶级的材质为客户打造无与伦比的尊贵感，使客户拥有良好的驾驶体验。与此同时，为了让客户享受贵宾级待遇，雷克萨斯还专门推出了一定期限内的免费保修及免费保养服务。所以，几乎40%的雷克萨斯车主都会购买第二台雷克萨斯，这简直称得上销售界的奇迹，这就是典型的意识忠诚。

需要强调的是，这种忠诚是建立在理性基础之上的，一旦市场上出现其他更符合此类客户认知的产品，他们就会重新进行评估和选择。

比如，某客户之前通过对手机产品的功能、质量等进行对比，对苹果手机产生了意识忠诚。但过了一段时间后，客户通过对比调研发现，华为的产品更符合他的要求，那么他就会转而倾向于购买华为的产品。

总之，无论哪种行为的忠诚，只要我们能获得客户的忠诚度，就能让客户对我们的产品呈现偏向性购买，从而赢得与客户多次交易的机会。利润是客户忠诚营销理论的主要关注点，从某种程度来说，要想实现利润的持续增长，促使交易的快速达成，提升客户忠诚度是最简单有效的方法。另外，忠诚的客户通常非常愿意主动向身边人宣传我们的产品，这也有利于品牌打开市场，获得更大的品牌知名度。因此，对于销售人员来说，建立客户忠诚是非常重要的一件事。

当然，建立客户忠诚并不容易，伴随着产品和服务的日益多元化，客户可选择的范围越来越广，借助互联网，客户可以实现货比百家、千家。在这种情况下，提升客户忠诚度已变得越来越困难。从初次接触产品，到形成好感，再到最后成为产品的忠实粉丝，进行重复购买并自愿宣传，客户往往要经历认知、信任、交易、满意、忠诚以及成为代言人几个步骤（见图 7–4）。也就是说，从普通客户到忠诚客户的演变贯穿整个销售流程。在这个过程中，客户与产品相互依存、相互成就，而我们要做的就是及时根据客户需求调整产品价值，从而创造更高的客户忠诚度。

所以，在客户忠诚度的培养和提升上，我们可以从以下 5 个方面入手（见表 7–1）。

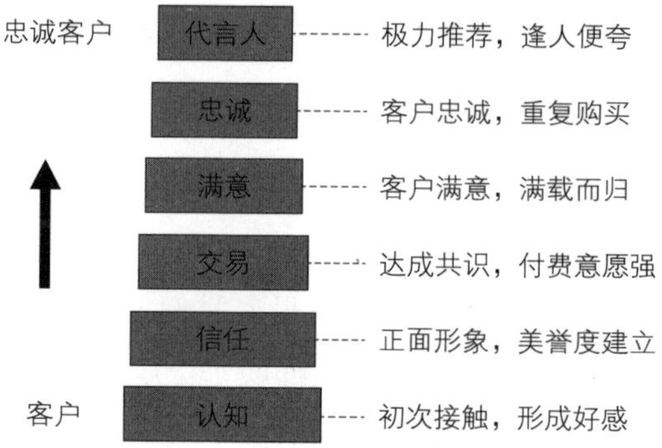


图 7–4　客户忠诚度演绎路径

表 7–1　客户忠诚度的关键因素

| 关键因素 | 因素分类 | 核心体现 |
|---|---|---|
| 服务质量 | 产品质量<br>服务水平<br>技术能力 | 销售后商品的静态体现<br>销售后服务的流程设计<br>销售中和销售后的动态体现 |
| 服务效果 | 客户内心满意度 | 产品 / 服务体系等体验活动的感知 |
| 客户关系 | 互动的同理心<br>相对的盟友心态 | 充分理解企业品牌和产品表现与品牌和产品的深度连接 |
| 理念灌输 | 产品（品牌）本身确认<br>服务（供应商）确认 | 认同品牌和产品的设计理念<br>认同企业提供的服务体系 |
| 良性的心理刺激及增值感受 | 体验及升华 | 良好的触点激发客户与企业及产品的共情，增强关联度 |

## 服务质量

服务质量包括产品质量、服务水平和技术能力三个方面。

客户忠诚度的培养与提升在任何时候都是建立在优质的产品质量之上的。众多品牌的发展经历也告诉我们，只有质量过关，产品才能在客户心中留下深刻的印象，否则，再高明的营销手段也只能让产品昙花一现，很快会失去客户信任。因此，想提升客户忠诚度，首先就要确保产品质量过硬。

其次，服务质量也是影响产品在客户心目中的地位的一个重要因素。只有服务到位，才能为产品创造更多的附加值，赢得客户更多的认可。所以在销售过程中，销售人员要始终将为客户创造愉快的购买体验作为目标，确保销售中、销售后的所有服务工作都做到位。

此外，在销售过程中，销售人员还要充分发挥自己的专业技能，准确地向客户传达产品的相关信息，将产品和服务的优势完全展现给客户，从而赢得客户更多的信赖，提升客户的忠诚度。

## 服务效果

衡量服务好坏的标准主要取决于客户的满意程度，为了获得更好的服务效果，销售人员应在整个销售流程中尽可能多地了解客户信息，准确挖掘客户的真正需求及期望值，然后根据客户需求和习惯为其提供相应的服务，以最大限度地降低服务失误率。同时，还要尽可能地为客户提供一些超预期的服务，给客户制造惊喜和意外，以此获得客户的认可。

## 客户关系

要使客户能够保持长久的忠诚，就要与客户建立长期的信任关系，重视售后服务，加强和客户之间的联系，认真对待客户反映的每一个问题，并对客户的问题给予及时反馈和处理。销售人员要牢记，在任何时候，都要真正做到以客户为中心，学会站在客户的角度思考问题，与客户成为同一战线上的盟友。

## 理念灌输

提升客户忠诚度，最关键的就是要得到客户更多的认同，所以我们还需要适当地对客户进行理念灌输，比如通过输入企业文化和价值观等，赢得客户对品牌和产品设计理念的认同，以及对企业提供的服务体系的认可等。

## 良性心理刺激及增值感受

这一点是指在销售过程中，销售人员要注重每一个可能为客户创造良好体验的机会，利用良好的触点激发客户与企业及产品之间的共情，增强客户与企业、产品的关联。

综上所述，提升客户忠诚度，留住忠诚顾客，不仅能帮助我们极大地节约有效客户开发的营销成本和沟通成本，还能利用忠诚客户的口碑效应为产品进行最大限度的宣传和推广，帮助我们更好地打开市场，赢得更多的客户。因此，客户忠诚度对于企业发展来说是一项非常必要的工作，销售人员必须予以充分重视。

# 口碑：金杯银杯不如客户的口碑

销售的最高境界不是一味地强行向客户推销产品或服务，而是聚焦客户需求，通过有效的方式感动客户，以此充分调动客户的积极性，让客户自动为我们的产品和服务进行宣传，建立一种有温度的口碑。俗话说“金杯银杯不如客户的口碑”，再华丽的广告也不如客户一句“产品不错”的评价更具影响力（见图 7–5）。

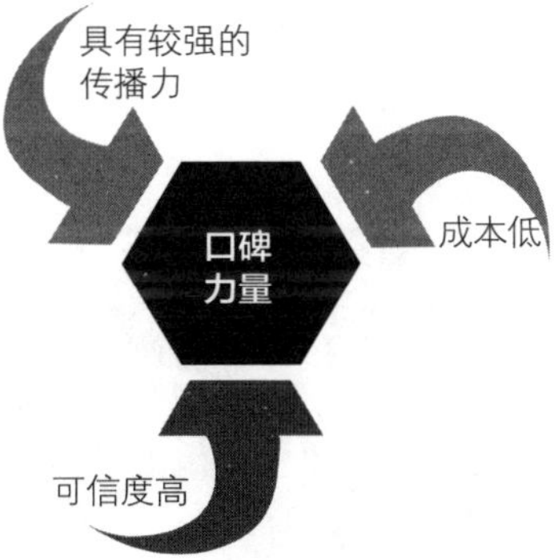


图 7–5　口碑力量

（1）具有较强的传播力。每个人都有从众心理。人们在购物时，也会格外关注产品的销售和用户评价。如果一件产品的差评率较高，那么我们选择它的可能性就比较小，这也是为什么淘宝商家特别重视评价。相反，如果一件产品广受客户好评，那么其他客户看到或听到这些好评后，对该产品也会产生较好的印象，并愿意选购。

（2）成本低。口碑推广利用的就是客户口口相传的模式，通常不需要企业花费太多的广告营销费用，只要产品、服务到位，能够激发客户的共鸣，客户就会主动进行传播，从而使产品获得有效推广。这种推广模式不但成本低，效率还很高。

（3）可信度高。口碑推广更多地利用的是客户的关系链条，熟人间的相互推荐通常比销售人员直接推荐更有说服力，也更容易让人相信。因此，口碑相传的方式能帮助企业迅速打开市场，塑造良好的品牌形象。

总之，在这个“酒香也怕巷子深”的时代，口碑力量不容小觑，销售人员想要更好、更快地获得客户，提升产品成交率，就要注重产品口碑的打造（见图 7–6）。

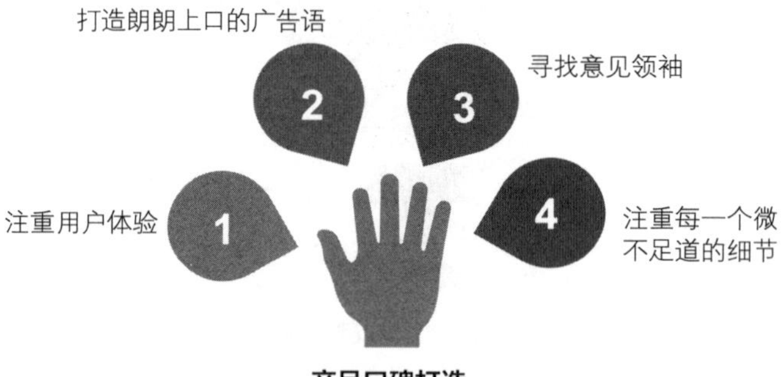


图 7–6　产品口碑打造

## 注重用户体验

互联网时代的营销讲究体验至上，用户体验的好坏也是获得客户口碑的一个重要因素。那么什么是用户体验呢？简单来说，就是客户在购买和使用产品过程中的感受。只有让客户在购买和使用产品过程中产生愉悦的心情，客户才有可能给予产品良好的口碑。在用户体验的打造上，我们可以从产品使用体验和服务使用体验两方面进行，具体可以从以下三个方面入手。

（1）注重客户感官体验。人有5种感觉，分别为视觉、听觉、嗅觉、味觉和触觉，适当的感官刺激可以加深客户对产品的认知，从而使客户对产品产生良好印象。因此，销售人员在推销过程中应注意利用声音、色彩、味道等为客户创造良好的感官体验。

许多餐厅会在顾客就餐的过程中，为客人播放一些轻柔舒缓的音乐，为顾客营造一个温馨、放松的就餐环境。有些企业在推出产品时，会对产品进行适当的包装，如为产品配一个造型独特的包装盒等，以此吸引客户的目光，为其带来良好的视觉体验。

在海底捞，经常会有变脸、现场拉面、茶道等表演，让客人在品尝美食的同时，还能获得强烈的感官和视觉享受，从而增加客人体验的立体感和丰富度，带给客人与众不同的生理和精神双重享受，这就会有力提升餐厅的口碑。

总之，如果你能为客户创造良好的感官刺激，就会在一定程度上激发客户的兴趣，让客户对我们的产品或服务产生好感。

（2）注重客户首次购物体验。客户对产品或服务的第一印象非常重要，而客户首次购物体验是否愉快，也直接决定了客户对产品或服务、对销售人员的印象。如果客户在首次消费过程中体验不佳，那么他们就容易为产品传播带来负面口碑，不仅这个客户不再与我们合作，我们也很难再争取他周围的家人、朋友等。因此，在销售过程中，我们一定要尽力为每一位客户创造良好的首次购物体验，为产品口碑的传播打下基础。

（3）注重客户情感体验。建立良好的客户体验的关键在于能够打动人心，所以在销售过程中，销售人员一定要记住一个原则，即我们不是在卖产品，而是在提供关怀。纯粹的交易关系很难引发客户的情感共鸣，如果能在交易过程中给予客户更多的人文关怀，和客户建立更多的情感联结，那么客户就会对我们好感倍增。有了情感，好口碑也就变得简单和自然了。

## 打造朗朗上口的广告语

一句朗朗上口的广告语，可以快速激发人们的传播欲望，有助于产品口碑在人群中的快速传播。不可否认，“好空调，格力造”“不是所有牛奶都叫特仑苏”等脍炙人口的广告语，在为其品牌口碑进行宣传的过程中起到了至关重要的作用。同样，我们在销售产品时，也可以适当创作一些特点明显、朗朗上口，能让人印象深刻的广告语。具体来说，我们可以从产品的功能、用途及与竞争对手的差异化等方面入手。

比如，麦氏咖啡在刚刚进入台湾时，主张“好味道”的雀巢咖啡在市场上已经有了相当大的影响力，获得了很多客户的认可。在这种情况下，麦氏咖啡便推出了“好东西要与好朋友分享”的广告语，简单直接地将咖啡与友情联系起来。很快，这句温馨的广告语便传遍大街小巷，麦氏咖啡也成功在市场上站稳了脚跟。

## 寻找意见领袖

什么是意见领袖？就是在某个小圈子内具有一定权威和影响力的人。他的观点和行为往往能够引发一部分群体的追捧和模仿，而这部分群体就可以成为我们的口碑传播者，帮助我们实现产品口碑的强传播。这也是很多品牌在拍摄广告时都会精心选取代言人的原因。

比如，某个品牌的新款口红上市后，同时被多位知名美妆博主联合推荐，称这是她们目前用过的最满意的一款口红。可以想象，这款口红一定会被消费者疯狂抢购。

## 注重每一个微不足道的细节

最佳的口碑创造方式并非大张旗鼓地向客户展示，告诉客户我们有多优秀、多值得信赖，而是润物细无声地给予，通过无数贴心的细节逐渐感动客户，让客户由衷地对产品或服务表示认可和赞同，这样客户才会不遗余力地为我们宣传和推广。

我家附近有一家购物中心，里面有很多鞋店，竞争很激烈。新店开张后，旧店关门几乎成为常态，所以很少有哪家店能坚持三年，但有一家店却是一个例外，无论旁边的店发生什么变化，这家店的生意一直非常火爆，附近很多居民都是这家店的老客户。这家店之所以能得到大家的认可，并不是因为它的鞋子质量、价格有多大优势，而在于其在销售细节上十分用心。

除了卖鞋，这家店还提供免费修鞋服务，无论顾客的鞋子是不是在这里购买的，只要出现问题，就可以拿到这里免费维修。在顾客等待修鞋的过程中，服务员无论多忙，都会为顾客倒一杯水，并不会因为顾客是否在自己的店内消费而区别对待。当顾客试鞋时，服务人员还会对顾客脱下的旧鞋子进行擦拭等简单的清洁工作。久而久之，凡是在该店免费修鞋和试鞋的顾客，都感觉对这里有所亏欠，当顾客有购鞋需求时，该店自然就成了首选，而且顾客还自发地为该店进行宣传，以至提起这家鞋店，周围的人几乎都会赞不绝口。

正因为对服务细节的把握，这家鞋店才获得了良好的口碑。其实在其他销售中也是一样，注重每一个哪怕是微不足道的细节，让每一位客户都获得超乎预期的体验，客户自然会为你点赞。

当然，产品口碑的营造并非一朝一夕就能形成，必须长久坚持。只有坚持做好每一个细节，源源不断地向客户输出价值，才能获得客户的真心认可和主动推荐，以达到一传十、十传百、百传千千万的宣传效果。

# 做好客户全生命周期管理

什么是客户全生命周期？一个人的成长要经历婴儿、儿童、少年、青年、中年、老年几个阶段，一个产品的诞生也要经历研发、生产、上市、退市、尾货处理几个阶段。同样，对于产品和服务的销售过程来说，也可以根据客户与产品的接触情况进行阶段性划分，这就是客户的全生命周期（见图 7–7）。

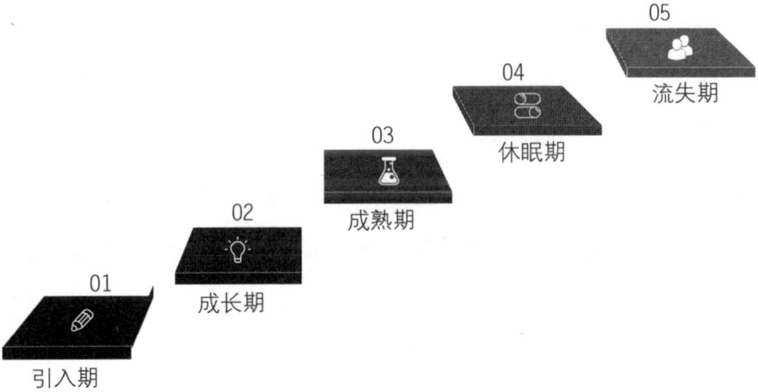


图 7–7　客户的全生命周期

事实上，不管是产品刚刚上市，还是已经在市场上存在一段时间，只要它还在对外销售，就会每天接触新的客户，同样每天也都可能失去一部分客户。在产品种类日益丰富的今天，没有绝对忠诚的客户，我们也不能保证任何一名客户可以永远关注并使用一款产品，我们能做到的就是尽可能将客户的生命周期延长。客户的生命周期越久，我们所能争取到的成交概率就越高。因此，做好客户全生命周期管理也是销售过程中一项非常重要的工作。

当然，影响客户生命周期长短的因素有很多，比如产品质量、营销方式、市场大环境等，不同行业、不同产品、不同客户群体，客户的生命周期也有长有短。

因此，要做好客户生命周期管理，我们就要学会根据自身产品和服务的实际情况对客户群体的生命周期进行简单计算，然后再根据客户全生命周期管理的底层逻辑对应地采取恰当的管理方案。那么，什么是客户全生命周期管理的底层逻辑呢?

很多时候，客户与企业的关系就像谈恋爱，会经历相遇、相恋、走入婚姻殿堂、婚后日常相处等阶段。在这个过程中，销售人员就像媒人，让客户每天都接触产品，并对产品逐渐产生好感、喜爱和依赖之情，就像谈恋爱、做新娘一样。

所以，根据客户与产品的接触情况，我们可以将客户全生命周期分为引入期、成长期、成熟期、休眠期和流失期 5 个阶段，在每个阶段，客户的情况都不相同，我们的运营目标和策略也有所不同（见表 7–2）。

表 7–2　不同客户、不同阶段的运营目标和策略

| 客户生命周期 | 客户特征 | 运营目标 | 运营策略 |
| --- | --- | --- | --- |
| 引入期 | 信任度较低，不熟悉产品 | 获客（质量 + 数量） | 优化渠道<br>提升转化率 |
| 成长期 | 对产品有一定了解和兴趣，愿意尝试 | 培养客户习惯，提升客户价值 | 提升复购率<br>提升 ARPU（每用户平均收入）值和复购率 |
| 成熟期 | 对产品拥有较高的信任感和认同感，愿意自主宣传 | 维持忠诚度 | 客户关怀 |
| 休眠期 | 对产品逐步失去兴趣，信任度降低 | 预防流失 | 客户行为分析及流失预警 |
| 流失期 | 对产品不满意或找到了更符合要求的替代产品 | 降低流失，老客户召回 | 流失分析，资源投入 |

## 引入期

引入期，顾名思义，就是初步获取客户，让客户开始与产品接触的阶段。在该阶段，销售人员的任务就是通过对客户的筛选、拜访等引流手段，将市场中的潜在客户流量转化为自己的真实客户。

要注意的是，此时不仅要注重客户数量，还要注重质量，也就是要注意筛选有效客户。当客户质量和数量发生冲突时，要将质量放在首位，因为真正的高质量客户才是目标和有价值的客户。只有在寻找高质量的客户的基础上，才有可能对获客的渠道和模式进行优化。

## 成长期

进入成长期后，客户已经开始对产品或服务进行体验。这时，销售人员就要通过优质的产品体验和服务增强客户对产品的好感。在售后服务过程中，还要耐心、细致地向客户传达产品的正确使用方法，将产品能提供给客户的价值做到最大化，以此赢得客户对于产品或服务价值的认可，从而培养客户的使用习惯，提升客户的复购率。

## 成熟期

当客户的使用习惯形成后，就会进入对产品功能、性能等进行深入体验和研究的阶段。此时，如果客户体验感较好，就容易对产品产生忠诚度，愿意为产品的使用付出一定的成本。这个时期的客户也最容易再次成交，此时销售人员要注意通过各种关怀手段加强与客户的情感联结，维持客户忠诚度。

## 休眠期

当产品为客户提供的价值已经最大化，客户失去新鲜感后，就会对产品产生倦怠感，对产品的依赖度也会不断降低，这时最关键的工作就是预防客户的流失。销售人员可以通过客户行为了解客户的活跃度情况，重点对客户画像进行优化和改善，然后再通过各种手段主动刺激或激活客户，以实现唤醒客户，让客户重新回到增长曲线的目的。

## 流失期

这个时期的客户往往对产品积累了一定的不满，或已经找到更符合自己要求的同类产品，决定放弃对该产品的使用。这时，销售人员就要通过一些手段，如改进产品和服务功能等，为老客户提供一些特别优惠，召回流失的老客户。同时，也可以通过一定的有效措施对老客户的忠诚表示奖励和认可，以激励老客户更好地为我们代言和宣传，更好地实现口碑营销。

总而言之，客户的生命周期就像河里流淌的水，时刻都在发生变化。我们只有尊重客户的意愿，时刻关注客户的新需求，持续地为客户带来价值，才能真正留住客户，提升成交量。

# 后记　天下没有难做的生意

我是幸运的，刚走出大学校门，就进入《财富》世界500强之一的百事可乐开始自己的职业生涯。在接触全世界最系统、最高效的销售体系后，我义无反顾地投入销售行业，如痴如醉地学习和吸收世界顶级销售大师们的宝贵经验。

一转眼，20多年过去了。现在，我仍然很乐意被别人称作一个卖过糖水的人。当时，我们每天从销售团队的早会开始，一个主管带着7个销售代表，穿着百事可乐经典的蓝白竖条短袖衬衣（上衣的口袋上印着一个大大的百事可乐标志），端正地围坐在长条桌前。随后，由销售主管布置当天的业绩目标，介绍本周的促销内容、主推新品等，然后准备拜访客户用的各种资料，最后再以团队围成一圈手拉手，全体同事“全力以赴，做到最好”的嘹亮口号结束早会，开始每天45家客户的拜访量……一整天下来，大家虽然筋疲力尽，但那是快速消费品行业的销售代表最为真实的一天。

加入阿里巴巴这家伟大的公司，是我人生的一个巨大转折点。阿里巴巴中供铁军的战斗力实在令人叹为观止。回想16年前，在依靠ADSL（非对称数字用户线路）拨号上网的年代，中供铁军居然能将电子商务推向全国乃至全球，实属不易。“让天下没有难做的生意”这一使命也在全球商业领域落地生根，说这是一种奇迹，并不过分。

在阿里巴巴，除了我们耳熟能详的中供铁军外，还有一支堪称“定海神针”的销售团队，那就是阿里巴巴诚信通电话销售团队。这是一支由“娘子军”组成的销售团队，她们具备“巾帼不让须眉”的战斗力，帮助国内小型供应商开阔了视野，找到了更多、更优质的用户，用一根细细的电话线，将无数小型供应商与他们的客户连接在一起，不仅实现了“让天下没有难做的生意”这一使命，还打出了“天下从来没有难做的销售”这个霸气的口号。

2004 年，我正式成为阿里巴巴国际事业部中国供应商团队的一员，由此开始了我人生中最为重要的一段销售经历。在经过“阿里巴巴第 23 届百年大计”为期一个月的销售培训后，我被邓康明叫去开会，接到了阿里巴巴中供历史上最为重要的一个使命——将“六脉神剑”价值观融入员工考核体系，引导员工的行为，让价值观以润物细无声的方式落地。

现在想想，这个任务看似简单，但特别艰难。随后，邓康明便带着一群人向这个任务进军。整个团队夜以继日地研讨、实践，我们就用华星大厦一元一杯的最美味咖啡和短嘴利群香烟驱散困意，几乎没有了时间观念，凌晨回到宿舍洗把脸，就直接返回公司上班……

历时一个半月的煎熬，我们终于创造性地将价值观与员工的日常工作行为进行了结合，然后拆解到每一个细节，提出了六条价值观，每条价值观依次递增分为五层，然后采用通关制，每通一关得 1 分，最高 5 分，最低 0 分，由员工自己举例证明自己的行为，由直接上级和间接上级判定；价值观和业绩考核各占 50%，季度考核一次，年度汇总，作为年终奖和晋级的依据，沿用至今。这也奠定了阿里巴巴价值观考核体系的基石，并且现在已成为很多互联网公司甚至传统公司争相效仿的模板。

与此同时，我们团队又开始着手梳理阿里巴巴中国供应商销售团队的提成制度、招聘制度、晋升晋级制度、管理序列、专业序列、考核制度和规范流程等，比如从 M3(资深经理）到 M4（总监），只有从事过两个完全不同类型的工作岗位，且在两个不同的区域工作过，绩效考核不能低于 3.75 分的人，才具备晋升资格等；针对当时各区域公司对销售人员的招聘标准不统一，基层管理人员和招聘专员背景不一的特点，将招聘标准故事化。“苦大仇深，很傻很天真，又猛又持久”这个 14 字招聘宝典，很快便落实到全国各地的招聘实践。

2005 年，电视剧《历史的天空》开播，为满足销售团队扩编和组织层级增加的需求，马总首次提出了“政委”的概念，要将支部建到连队，将价值观的落地和实践提到最高的优先级。于是，我们又开始大规模建立“政委”体系，包括招聘标准、工作职责、训练体系和考核体系等，并迅速搭建，有效支撑了销售团队的扩张需求，为中国供应商团队源源不断地输入人才，保证团队业绩的突飞猛进。

2005 年，我开始了自己的外派生涯，第一站是从杭州奔赴苏州，与吕广渝搭档，开始担任苏州、常州和青岛（统称“三大区”）的“政委”。4 个月之后，我又被调往杭州与吴敏芝（现任阿里巴巴集团管理执行委员会委员、阿里巴巴集团资深副总裁、阿里巴巴集团首席客户官）成为搭档，担任浙江大区（其间，负责诚信通团队）的“政委”。2006 年 4 月，我被调到广东大区，与郑璐、雷雁群（现任饿了么副总裁）、干嘉伟（现任高瓴资本运营合伙人）和杨子江等人，一起负责广东和福建团队的工作。

也是在广东大区工作期间，我与贺学友（阿里巴巴前全球销售冠军、“驿知行”管理咨询公司创始人）结下了深厚友谊，并从以贺学友为代表的一大群优秀的销售人员身上学到了很多知识和经验，受益良多。

离开阿里巴巴之后，我立志于销售行业的研究和实践，义无反顾地挑选了最具挑战性，同时也是竞争最激烈的体育服装行业，开始潜心研究销售体系的搭建、业绩与人的关系、业绩与店铺动线设计的关系，以及店铺选址与业绩的关系、业绩和技巧的关系、业绩与销售人员性别的关系等。直到后来本着“治病救人”的理念，有幸加入一家互联网医疗公司，从零开始组建药店事业部，大胆尝试基于药店的远程视频问诊平台和体系，从商业模式的设计、软硬件平台的搭建，到组建医生和审方团队，召开代理商大会，拜访医院并与药品代理商谈判和合作等。历经几度春秋，我逐渐意识到销售体系的重要性，也慢慢体会到销售的魅力。于是我开始着手研究销售，研究客户行为和心理、销售冠军的特质、销售考核体系，以及谈判学、销售领导力等内容。当我终于有了一些心得和体会后，便欣然提笔，创作了这本凝聚着我的青春和心血的《快速成交》。

在此，特别借这个难得的机会，感谢那些年曾在广东这片热土上与我一起奋斗的阿里巴巴战友，很高兴与你们并肩作战，这本书也是我们最好的记忆。陆兆禧、卢洋、郭慧雯、王成勇、杨子江、戴珊、郑璐、周峻巍、刘自成、朱磊、干嘉伟、雷雁群、贺学友、陈盛、梁乐、张云龙、陈德辉、夏小虎、夏飞乔、谭毅、操娟、曹乃华、张蓓蓓、苏灿、高世芳、朱晶晶、张卫华、杨明、魏巍、朱明、潘崑、罗晶、陈建洪、潘传志、周奇志、陈福高、宋世杰、王毅明、钟龙火生、阿喜、罗庆元、叶彩鸾、刘民、村长、候儒、Frank、谢荔、陈小平、阿梅、罗芸、唐万里、王茂盛、黄凯静、曹华丽、谢枫、朱明秀、江毅、何海鹏、李雍、宋飞、刘学文、蒋凌、夏海平、钟波、肖景欣、大黄、老黄、陈明道、廖丹、彭静、汪庭兵、邓然、杨建军、王纲、骆尧、宗洁、王勋志、徐巧云、李秀虹、况彩丽、陈伟、候铁水、Tom、郑刘兵、李浩、户文超、邓琪、周建国、毛毛、杨军雄、封晓红、唐通、栗新、Henry、于丹、郭卓琼、王刚、廖恒毅、杨小虎、曾冬、钟纯、范跑跑、何理刚……亲爱的战友们，你们都好吗?

在此，还要特别感谢中信出版社的赵辉老师、张艳霞老师、杨博惠老师、王振栋老师和王金强老师，以及幕后所有支持我和《快速成交》这本书的中信出版社精英团队，感谢你们对销售行业的认可，对我的销售理念的认可，是你们的厚爱，让我有了展示自己的机会，同时也让这本《快速成交》顺利与读者见面!

真心地感谢大家!